길을 찾지 못해 헤맬 때였습니다. 토마스 머튼의 책을 읽으면서 그의 고민과 방황이 나와 같다는 사실을 알았고 그가 몸부림치며 썼던 글들은 내가 막힌 길의 한 줄기 빛이 되었습니다. 적어도 나에게는 그가 히브리서 11장에 기록된 믿음의 사람들 중 한 사람이었습니다. 그래서 이 책을 토마스 머튼에게 드립니다.

하정완 목사와 성경읽기

히브리서,

초보를 버리고
완전으로

하정완 목사와 성경읽기

히브리서, 초보를 버리고 완전으로

지은이 · 하정완
꾸민이 · 성상건
편집디자인 · 자연DPS

펴낸날 · 2023년 09월 05일
펴낸곳 · 도서출판 나눔사
주소 · (우) 10270 경기도 고양시 덕양구 푸른마을로 15
        301동 1505호
전화 · 02)359-3429   팩스 02)355-3429
등록번호 · 2-489호(1988년 2월 16일)
이메일 · nanumsa@hanmail.net

ⓒ 하정완, 2023

ISBN 978-89-7027-956-5 03230

값 8,000원

하정완 목사와 성경읽기

히브리서,

초보를 버리고
완전으로

하정완 | 지음

나눔사

성경을 읽어야 사람은 살 수 있다

"태초에 하나님이 천지를 창조하시니라"(창1:1)

'하나님이 세상을 창조하셨다.' 하나님이 만드셨습니다. 여기서 잊지 말아야 할 것은 창조 이전의 모습입니다. 창세기는 이렇게 기록하였습니다.

"땅이 혼돈하고 공허하며 흑암이 깊음 위에 있고 하나님의 영은 수면 위에 운행하시니라"(창1:2)

하나님이 창조하시기 전 세상의 진실은 상상할 수 없는 혼란이었고, 어둠이었고, 절망이었습니다. 아무 것도 없었던 완벽한 카오스였습니다. 이 모습이 세상이었습니다.

그런데 우리도 이 세상의 일부였습니다. 창세기 2장에 나오는 하나님이 사람을 창조하시는 장면에서 우리의 근거가 기술되는 것을 알 수 있습니다.

"여호와 하나님이 땅의 흙으로 사람을 지으시고"(창2:7)

여기에서 "흙"이라는 말로 사용된 히브리어 '아파르'는, 단순한 흙이 아니라 '찌꺼기 더미'라는 뜻입니다. 그것이 혼돈과 공허한 것의 내용입니다. 우리의 본질적인 모습입니다.

'세상의 본질, 사람의 근거는 허무와 혼돈, 무지와 사악 그리고 무질서, 결핍과 공허였다.' 이것이 창세기가 말하고 있는 이 세상과 사람의 뿌리입니다. 한마디로 말해서 'nothing' 아무 것도 아니었습니다. 그런데 그 같은 허무와 공허에서 하나님이 창조하신 것입니다. 이 창조의 핵심은 말씀이었습니다.

"하나님이 이르시되 빛이 있으라 하시니 빛이 있었고... 그대로 되니라"(창1:3,7)

'빛이 있으라 하시니 빛이 있었다.' 세상이 바뀐 것입니다. 혼돈과 어둠이 밝혀진 것입니다. 그러나 중요한 것은 빛이 생긴 것이 아니라, 빛의 원인이 바로 하나님이 말씀하신 것에서 시작되었다는 것입니다. 하나님이 혼돈과 무질서한 세상에 말씀으로 질서를 두신 것입니다. 이 아름다운 창조를 요한복음은 이렇게 기록하였습니다.

"태초에 말씀이 계시니라 이 말씀이 하나님과 함께 계셨으니 이 말씀은 곧 하나님이시니라 그가 태초에 하나님과 함께 계셨고 만물이 그로 말미암아 지은 바 되었으니 지은 것이 하나도 그가 없이는 된 것이 없느니라"(요1:1-3)

창조의 핵심은 말씀이었습니다. 말씀으로 세상을 창조하신 것입니다. 말씀, 곧 성경이 중요한 이유입니다. 우리가 성경을 읽어야 하는 이유입니다. 말씀하는 순간 세상은 공허에서 질서가 잡혔고, 혼돈에서 소망이 생겼고, 죽음에서 생명이 드러났기 때문입니다. 그것이 창세기 1장이 말하고 있는 내용입니다.

"하나님이 이르시되 빛이 있으라 하시니 빛이 있었고"(창1:3)

그러므로 크리스천은 무조건 하나님의 말씀, 곧 성경으로 살아야 합니다. 더욱이 우리의 본질은 혼돈과 공허함이었기 때문입니다. 오로지 성경만이 우리를 다시 새롭게 빚으시고 창조하실 것이기 때문입니다. 성경을 읽어야 사람이 살 수 있는 결정적인 이유입니다. 성경 없이 우리가 살 길은 없기 때문입니다.

성경 66권 전부를 읽고 묵상하는 것은 모든 크리스천의 로망입니다. '하정완 목사와 성경 읽기' 시리즈는 그 같은 로망에 대한 개인적인 응답이자 한국 교회와 함께 하고 싶은 열망이기도 합니다.

이 근사한 성경 읽기를 할 수 있었던 것은 꿈이있는교회라는 토양 때문입니다. 그래서 꿈이있는교회와 사역자들 특히 원고를 정리해 준 김유빈 목사에게 감사를 드리며, 동시에 이 같은 출간을 흔쾌히 받아주신 나눔사 성상건 장로님과 직원들에게도 감사를 드립니다. 그러나 무엇보다 나의 신앙의 큰 지원자인 아내 서은희와 나의 주 하나님께 감사를 드립니다.

성서 한국을 꿈꾸며
하정완 목사

책 사용 가이드

'하정완 목사와 성경 읽기' 시리즈는 성경을 읽되 가능한 깊이 묵상하며 읽는 것을 돕기 위하여 만들어졌습니다. 단순 통독이 아니라 깊은 묵상을 할 수 있도록 준비하였습니다.

1. 가능한 성경 본문을 읽고 생각하십시오.
가장 좋은 방법입니다. 제시된 성경 본문을 먼저 읽는 것입니다. 그리고 자신에게 주신 단어 혹은 구절에 대한 느낌을 꼭 적으시기 바랍니다.

2. 성경을 읽지 않아도 묵상할 수 있게 배려했습니다.
매우 성경 중심으로 글을 썼기 때문입니다. 비록 성경을 읽지 못한 상태로 읽어가도 충분히 이해할 수 있도록 성경을 인용하였습니다.

3. 묵상일기를 남기십시오.
반드시 글을 읽고 난 후에 '묵상' 란에 오늘 말씀을 통하여 깨닫게 된 것을 한 줄이라도 남기셔야 합니다. 일종의 묵상일기입니다.

4. 전체를 이어서 읽어도 됩니다.
매일 한 개씩 읽으면서 진행해도 되지만 전체를 이어 읽으면서 성경을 묵상하는 것도 좋은 방법입니다.

'성경 66권을 묵상하면서 읽다!'
이것이 목표입니다.

: : 차 례 : :

제 1 부

하나님과 동일하시다

히브리서가 쓰인 이유

* Lexio 읽기 / 히브리서 2:1–3

가능하면 오늘의 본문을 먼저 읽는 것이 좋지만 바로 아래 글을 읽어도 좋습니다. 충분히 본문을 이해하도록 배려하며 글을 썼습니다. 혹시 본문을 읽으신 분은 감동이 오는 말씀이나 단어 혹은 느낌을 간단히 적으시면 좋습니다.

> "이 구원의 소식은 주님께서 처음으로 전해 주신 것이며 그 말씀
> 을 들은 사람들이 또한 우리에게 확증해 준 것입니다."
>
> (공동번역/히2:3)

일반적으로 히브리서의 수신자는 바울의 크리스천도, 요한의 크리스천도 아닌, 히브리 기독교인들이라고 표현하는 것이 적당해 보이는 디아스포라 유대인 교회 성도들입니다. 이들은 주님께 직접 말씀을 들었던 자들에게서 복음을 듣고 신앙을 갖게 된 사람들이었습니다. 일부 신학자들은 이들을 '믿음에 복종하게 된 제사장의 큰 무리'라고 주장하기도 합니다.

수신자가 누구든 히브리서는 유대 크리스천들이 예수를 믿다 위기를 만난 상황에서 쓰인 책입니다. 자신들이 이전에 믿었던 유대교로 다시 되돌아가고자 하는 갈등에 있었던 것입니다. 저자가 말하듯이 "살아 계신 하나님에게서 떨어질"(히3:12) 위험이 있는 사람들이었습니다.

"형제자매 여러분, 여러분 가운데에 믿지 않는 악한 마음을 품고
서, 살아 계신 하나님을 떠나는 사람이 아무도 없도록, 여러분은
조심하십시오."(새번역/히3:12)

유대 크리스천들이 다시 유대교로 돌아가려고 한 이유는 무엇입니
까? 처음 유대인들이 예수를 믿게 되었을 때 그들은 예수를 믿고 세례
받음으로 죄 씻음 받고 하나님과 화해하였다고 생각하였습니다. 그런
데 그 후에도 거룩한 성도가 되지 못하고 자꾸 죄를 범하는 것이 부담
으로 다가왔습니다. 특히 세례 후에 지은 죄에 대한 문제는 만족할 만
큼 해결되지 않았습니다.

유대교에는 성전 제사와 대속죄일의 제사를 통해 죄가 해결되는 확
실함이 있었습니다. 반면 기독교에는 눈에 보이는 확실한 방법이 없는
것 같았습니다. 그래서 다시 유대교 의식, 속죄 의식으로 돌아가고 싶
은 유혹을 받게 된 것입니다. 그뿐만 아니라 속죄의 통로로서 아론 계
열의 대제사장과 달리 예수의 대속 사건에 의심이 들기 시작한 것입니
다. 더욱이 히브리서의 저작 시기가 기독교 박해가 본격화되던 때임을
염두에 둔다면 유대교로의 회귀 유혹은 더 심했을 것입니다. 히브리서
가 쓰인 배경입니다.

* **묵상질문**
히브리서는 우리 신앙의 기본을 잡아주고 성숙으로 나아가는 방법을 제시할 것입니다.

믿음의 기초를 다지는 책

* Lexio 읽기 / 히브리서 5:8-10

가능하면 오늘의 본문을 먼저 읽는 것이 좋지만 바로 아래 글을 읽어도 좋습니다. 충분히 본문을 이해하도록 배려하며 글을 썼습니다. 혹시 본문을 읽으신 분은 감동이 오는 말씀이나 단어 혹은 느낌을 간단히 적으시면 좋습니다.

> "그가 아들이시면서도 받으신 고난으로 순종함을 배워서 온전하
> 게 되셨은즉 자기에게 순종하는 모든 자에게 영원한 구원의 근
> 원이 되시고 하나님께 멜기세덱의 반차를 따른 대제사장이라 칭
> 하심을 받으셨느니라"(히5:8-10)

예수의 대제사장 됨은 핵심 문제였습니다. 구약의 법으로 볼 때 예수는 절대로 제사장이 될 수 없습니다. 레위 지파가 아니기 때문입니다. 그래서 히브리서 기자는 예수의 대제사장직이 멜기세덱 반차를 좇는 제사장임을 알리며, 레위 반열의 대제사장직보다 멜기세덱의 대제사장직의 우월성을 논증합니다. 더욱이 하나님의 아들이신 제사장이라는 점을 강조합니다.

> "이와 같이 그리스도께서 대제사장 되심도 스스로 영광을 취하심
> 이 아니요 오직 말씀하신 이가 그에게 이르시되 너는 내 아들이
> 니 내가 오늘 너를 낳았다 하셨고 또한 이와 같이 다른 데서 말
> 씀하시되 네가 영원히 멜기세덱의 반차를 따르는 제사장이라 하
> 셨으니"(히5:5-6)

예수님이 하나님의 아들인 동시에 대제사장으로 우리의 죄를 대속하였다는 사실을 논증한 후 히브리서 기자는 우리 믿음의 중요성을 설명합니다. 11장과 12장에서 믿음을 자세히 설명하는데, 이는 히브리서의 백미입니다. 히브리서 기자는 믿음으로 승리한 신앙의 영웅들을 설명하고, 신앙 영웅들의 최고의 모범은 예수 그리스도이심을 말합니다. 이 같은 기록을 통하여 우리 역시 믿음의 주를 바라보면서 우리 앞에 있는 경주하는 삶을 살아갈 것을 권면하려 한 것입니다.

"이러므로 우리에게 구름 같이 둘러싼 허다한 증인들이 있으니 모든 무거운 것과 얽매이기 쉬운 죄를 벗어 버리고 인내로써 우리 앞에 당한 경주를 하며 믿음의 주요 또 온전하게 하시는 이인 예수를 바라보자"(히12:1-2)

히브리서가 믿음의 기초가 흔들리고 복음의 내용이 불확실해진 유대 크리스천을 위하여 쓰인 것에서 알 수 있듯이 복음의 근거, 구원의 확신이 불확실한 오늘의 크리스천들에게도 유효한 책입니다. 특히 전염병과 사회의 부정적 시각에 믿음이 흔들리는 교회와 크리스천들에게는 매우 중요한 책이 될 것입니다.

* 묵상질문

앞으로 읽고 나누게 될 히브리서를 통해 어떤 기대를 갖게 되는지 적어보십시오.

- -

- -

하나님과 동일하시다

* Lexio 읽기 / 히브리서 1:1-3

가능하면 오늘의 본문을 먼저 읽는 것이 좋지만 바로 아래 글을 읽어도 좋습니다. 충분히 본문을 이해하도록 배려하며 글을 썼습니다. 혹시 본문을 읽으신 분은 감동이 오는 말씀이나 단어 혹은 느낌을 간단히 적으시면 좋습니다.

히브리서 기자는 이 서신을 쓰는 목적이 예수가 누구신지를 말하는 기독론 설명에 있음을 시작부터 정확히 밝힙니다. 우선 예수 그리스도는 선지자가 아님을 말합니다.

> "옛적에 선지자들을 통하여 여러 부분과 여러 모양으로 우리 조
> 상들에게 말씀하신 하나님이"(히1:1)

그동안 하나님은 역사 속에서 많은 선지자들을 통하여 당신의 말씀을 드러내셨습니다. "옛적에", 그러니까 지난 시간 동안 하나님은 그렇게 역사하셨습니다. 하지만 그 시간들이 끝났습니다. 히브리서 기자는 "이 모든 날 마지막에는"이라고 기술합니다. 완전 종료, 완전 성취를 말합니다. 바로 아들을 통한 말씀입니다.

> "이 모든 날 마지막에는 아들을 통하여 우리에게 말씀하셨으니"
> (히1:2a)

히브리서 기자는 아들이 누구이며 어떤 역할을 하는지 정확하게 설

명합니다. 무엇보다 중요한 것은 주님이 "만유의 상속자"(히1:2)가 된다는 사실입니다. 왜냐하면 그 아들을 통하여 하나님이 이 세상을 창조하셨기 때문입니다.

> "이 아들을 만유의 상속자로 세우시고 또 그로 말미암아 모든 세계를 지으셨느니라"(히1:2b)

그런 까닭에 아들 예수는 하나님의 영광을 드러내는 것이고 동시에 하나님 "본체의 형상"이신 것입니다. 즉, 아들 예수 그리스도가 만유의 상속자로서 왕이시며 창조자이시며 동시에 하나님 본체이신 까닭에 이 세상을 붙잡고 계신 것이며 죄로 멸망하게 된 인간과 세상을 정결케 하신 것입니다. 바로 모든 죄로부터의 대속을 행하신 것입니다.

> "이는 하나님의 영광의 광채시요 그 본체의 형상이시라 그의 능력의 말씀으로 만물을 붙드시며 죄를 정결하게 하는 일을 하시고 높은 곳에 계신 지극히 크신 이의 우편에 앉으셨느니라"(히1:3)

이처럼 히브리서 기자는 우리의 모든 죄를 대속하시고 정결케 하시고 다시 회복시키실 수 있는 것은 아들 예수가 그리스도이시며 하나님과 동일하신 분이시기 때문이라는 것을 분명히 밝힙니다.

* 묵상질문

모든 신앙의 시작은 그리스도 예수가 하나님과 동일하시다는 사실에서 시작됩니다. 잊지 말아야 할 사실입니다.

- -

- -

천사는 아들이 아니다

* Lexio 읽기 / 히브리서 1:4-6
가능하면 오늘의 본문을 먼저 읽는 것이 좋지만 바로 아래 글을 읽어도 좋습니다. 충분히 본문을 이해하도록 배려하며 글을 썼습니다. 혹시 본문을 읽으신 분은 감동이 오는 말씀이나 단어 혹은 느낌을 간단히 적으시면 좋습니다.

"이는 하나님의 영광의 광채시요 그 본체의 형상이시라"(히1:3a)

아들 예수 그리스도는 하나님과 동일하십니다. 이것을 말하기 위하여 히브리서 기자가 처음 꺼낸 대상은 재미있게도 천사입니다. 천사들과 달리 아들이라는 칭호를 얻은 것을 설명합니다.

"그리고 천사의 칭호보다 더 높은 아들이라는 칭호를 받으심으로써 천사들보다 더 높은 분이 되셨습니다."(공동번역/히1:4)

구약에서 천사는 하나님의 메시지를 전달하고 하나님을 대신하여 하나님의 백성들을 돕는 일을 합니다. 예를 들어 사자굴에 던져졌던 다니엘의 고백을 들어보면 알 수 있습니다.

"나의 하나님이 이미 그의 천사를 보내어 사자들의 입을 봉하셨으므로 사자들이 나를 상해하지 못하였사오니"(단6:22a)

심지어 사탄을 결박하고 무저갱에 가두는 등 하나님의 심판을 직접 실행하기도 합니다.

> "또 내가 보매 천사가 무저갱의 열쇠와 큰 쇠사슬을 그의 손에 가
> 지고 하늘로부터 내려와서 용을 잡으니 곧 옛 뱀이요 마귀요 사
> 탄이라 잡아서 천 년 동안 결박하여 무저갱에 던져 넣어 잠그고"
> (계20:1–3)

유일하신 하나님 외에 동일한 다른 존재를 생각할 수 없는 유대인들에게 예수 그리스도는 천사로 여겨질 수 있었을 것입니다. 또 천사는 하나님의 대리인으로서 역할을 하기 때문에 예수를 그런 존재와 비교하여 설명했음을 이해할 수 있습니다. 그러나 히브리서 기자는 치명적으로 다른 표현을 씁니다. 하나님께서 천사에게는 아들이라고 한 적이 없다는 말씀이었습니다.

> "하나님께서 어느 때에 천사 중 누구에게 너는 내 아들이라 오늘
> 내가 너를 낳았다 하셨으며 또 다시 나는 그에게 아버지가 되고
> 그는 내게 아들이 되리라 하셨느냐"(히1:5)

* 묵상질문
말 그대로 천사는 아들이 아닙니다. 곧 하나님이 아니라는 뜻입니다. 오직 예수만이 하나님의 아들이십니다.

바람처럼 불꽃처럼 사용하시다

* Lexio 읽기 / 히브리서 1:7-14

가능하면 오늘의 본문을 먼저 읽는 것이 좋지만 바로 아래 글을 읽어도 좋습니다. 충분히 본문을 이해하도록 배려하며 글을 썼습니다. 혹시 본문을 읽으신 분은 감동이 오는 말씀이나 단어 혹은 느낌을 간단히 적으시면 좋습니다.

> "또 그가 맏아들을 이끌어 세상에 다시 들어오게 하실 때에 하나
> 님의 모든 천사들은 그에게 경배할지어다 말씀하시며"(히1:6)

1장 5절에서 13절까지 히브리서 기자는 구약에서 7개의 구절을 인용합니다(시2:7, 삼하7:14, 신32:43, 시104:4, 시45:6-7, 시102:25-27, 시110:1). 이 중 다섯 개는 아들에 관한 구절이고, 한 개는 아들과 천사(히1:6), 다른 한 개는 천사들(히1:7)에 대한 언급입니다. 여기서 우리가 주의할 것은 천사들에 대한 설명입니다.

> "또 천사들에 관하여는 그는 그의 천사들을 바람으로, 그의 사역
> 자들을 불꽃으로 삼으시느니라 하셨으되"(히1:7)

하나님이 천사들을 바람이나 불꽃으로 삼으셨다는 말은 천사들이 "종으로서, 하나님의 목적을 위한 바람과 불꽃"(레이먼드 브라운, 『히브리서 강해』, IVP, 43쪽) 같이 쓰고 사라질 수 있는 존재라는 말입니다. 반면에 아들은 영원하다고 말합니다. 치명적인 차이입니다.

"주여 태초에 주께서 땅의 기초를 두셨으며 하늘도 주의 손으로
지으신 바라 그것들은 멸망할 것이나 오직 주는 영존할 것이요"
(히1:10-11)

히브리서 기자는 천사와 대비하여 아들을 설명하면서 매우 재미있는 표현을 구약의 인용 구절이 시작하는 5절과 끝나는 13절에 수미상관 구조로 넣습니다. 바로 다음의 내용입니다.

"하나님께서 어느 천사에게 (…)하고 말씀하신 적이 있으십니까?"
(공동번역/히1:5; 1:13)

아들 예수 그리스도는 영원하신 분이며 결국 죄를 정결하게 함으로 우리를 구원하는 역사를 하셨으며 지금도 일하십니다. 그때 주님은 "그의 천사들을 바람으로, 그의 사역자들을 불꽃으로 삼으"(히1:7)셔서 일하게 하십니다. 천사는 섬기는 영이기 때문입니다.

"천사들은 모두 구원의 상속자가 될 사람들을 섬기도록 보내심을
받은 영들이 아닙니까?"(새번역/히1:14)

* 묵상질문
오늘도 주님은 천사들을 바람처럼 불꽃처럼 사용하셔서 우리들을 돕고 섬기게 할 것입니다. 우리를 보호하시고 인도하실 것입니다. 놀라운 일이 아닐 수 없습니다.

- -

- -

제 2 부

구원의 저자

흘러 떠내려가지 않도록 주의해야

* Lexio 읽기 / 히브리서 2:1-4

가능하면 오늘의 본문을 먼저 읽는 것이 좋지만 바로 아래 글을 읽어도 좋습니다. 충분히 본문을 이해하도록 배려하며 글을 썼습니다. 혹시 본문을 읽으신 분은 감동이 오는 말씀이나 단어 혹은 느낌을 간단히 적으시면 좋습니다.

"모든 천사들은 섬기는 영으로서 구원 받을 상속자들을 위하여 섬기라고 보내심이 아니냐"(히1:14)

1장에서 천사들과 아들 예수를 비교하는 것은 사실 의미 없습니다. 비교할 필요가 없을 만큼 극명하게 아들의 탁월성이 드러나기 때문입니다. 그럼에도 왜 히브리서 기자가 그렇게 했는지는 2장을 읽으면 보입니다.

스데반이 돌에 맞아 순교하기 전 그는 구약에 예언된 의인, 곧 그리스도 예수를 '배반하고 죽였다'(공동번역/행7:52)라고 설교합니다. 그리고 이어 "너희가 천사의 전한 율법을 받고도 지키지 아니하였도다 하니라"(행7:53)라고 말합니다. 스데반의 발언은 매우 중요합니다. 사람들이 예수 그리스도를 죽인 것은 단순히 천사가 전한 율법을 어긴 것이 아니라, 그 율법이 지목하는 이인 그리스도 예수를 받아들이지 않고 죽인 것이기 때문입니다.

"천사들을 시켜서 하신 말씀도 효력이 있어서 그것을 어기거나 따르지 않는 자들은 모두 응분의 징벌을 받았는데"

(공동번역/히2:2)

그렇다면 천사들과 비교되지 않을 만큼 훨씬 높으신 예수 그리스도가 행하신 "큰 구원"을 소홀히 한다면 어떻게 보응을 피할 수 있을 것이냐고 히브리서 기자가 묻습니다.

"우리가 이같이 큰 구원을 등한히 여기면 어찌 그 보응을 피하리요"(히2:3a)

더욱이 이 구원의 소식은 주님이 "처음으로 전해 주신 것이며"(공동번역/히2:3) 또한 예수를 직접 만나 "들은 자들이 우리에게 확증한"(히2:3) 것이고, 결정적으로 하나님께서 성령을 부어주심으로 "그들의 증언을 뒷받침"(공동번역/히2:4)하신 것입니다.

이처럼 히브리서 기자는 강력한 경고의 메시지를 전하지만 이는 엄벌하기 위함이 아니라 주님을 떠나지 않고 신앙을 놓치지 않기를 바라는 마음 때문이었습니다.

"그러므로 우리는 들은 것에 더욱 유념함으로 우리가 흘러 떠내려가지 않도록 함이 마땅하니라"(히2:1)

---

* 묵상질문

오늘도 성령을 통하여 예수가 그리스도이심을 늘 확증하십니다. 우리 역시 흘러 떠내려가지 않도록 주의해야 합니다.

....

....

잠시 동안 천사보다 못하게

* Lexio 읽기 / 히브리서 2:5-9, 시편 8:4-6
가능하면 오늘의 본문을 먼저 읽는 것이 좋지만 바로 아래 글을 읽어도 좋습니다. 충분히
본문을 이해하도록 배려하며 글을 썼습니다. 혹시 본문을 읽으신 분은 감동이 오는 말씀이
나 단어 혹은 느낌을 간단히 적으시면 좋습니다.

"그러므로 우리는 들은 것에 더욱 유념함으로 우리가 흘러 떠내
려가지 않도록 함이 마땅하니라"(히2:1)

히브리서 기자는 시편 8편 4-6절 말씀을 인용하면서 "누구인가가
어디에서 증언하여 이르되"(히2:6)라며 정확한 출처를 밝히지 않습니
다. 시편 말씀인 것을 몰라서라기보다는 '사람 혹은 인자'를 특정하지
않고 모든 사람을 지칭하고자 했기 때문으로 보입니다.

시편 8편에 나오는 '사람 혹은 인자'의 표현은 그 주체가 예수라는
주장과 그냥 사람이라는 주장으로 나뉩니다. 히브리어 성경 마소라 사
본의 "하나님(엘로힘)보다 조금 못하게 하시고"(시8:5)란 표현을 주의
한다면 사람 혹은 인자를 예수로 해석하는 것은 문제가 있습니다. 예
수 그리스도는 하나님과 언제나 동일하시기 때문입니다.

재미있게도 히브리서 기자는 칠십인역(LXX)으로 이 구절을 인용합
니다. 칠십인역은 "하나님보다 조금"(시8:5)을 '브라퀴 티 파르 앙겔루
스' 곧 '천사들(앙겔루스)보다 잠깐 동안(브라퀴 티)'으로 번역합니다.

틀린 번역은 아닙니다. '엘로힘'이 '신들이나 천사들'로 번역될 수 있기 때문입니다. 그러므로 구약에 정통한 히브리서 기자가 칠십인역을 택한 것은 더 정확하게 사람을 강조하려 했기 때문으로 추측됩니다.

또 주의할 것은 "사람"을 "잠시 동안 천사보다 못하게 하시며"(히 2:7)란 표현입니다. "잠시 동안"만 천사보다 못하다는 뜻은 '잠시'가 지나면 사람이 천사보다 우월하게 된다는 뜻입니다. 하지만 이보다 더 중요한 것은 예수께서도 "죽음의 고통을 당하심으로써 잠시 동안 천사들보다 못하게 되셨다"(공동번역/히2:9)라는 사실입니다. '하나님이 인간이 되셨다'라는 표현보다 '천사들보다 못하게 되셨다'라는 표현이 더 강력한 것은 두말할 것도 없습니다. 이렇게 표현한 것은 진실로 예수의 인간 됨을 강력히 드러내고자 한 것입니다. 즉 주님은 우리 인간들과 똑같은 고통을 당하셨고 심지어 모욕적인 표현이지만 천사들보다 낮아지는 수치를 당하셨습니다. 오로지 우리 때문입니다.

> "이렇게 예수께서 모든 사람을 위하여 죽음의 고통을 겪으신 것
> 은 하나님의 은총의 소치입니다."(공동번역/히2:9b)

* 묵상질문

그리스도께서 잠시 동안이지만 심지어 천사보다 못한 위치에서 죽으셨습니다. 우리를 위한 것이었습니다.

구원의 저자(author)

* Lexio 읽기 / 히브리서 2:10-16
가능하면 오늘의 본문을 먼저 읽는 것이 좋지만 바로 아래 글을 읽어도 좋습니다. 충분히
본문을 이해하도록 배려하며 글을 썼습니다. 혹시 본문을 읽으신 분은 감동이 오는 말씀이
나 단어 혹은 느낌을 간단히 적으시면 좋습니다.

> "오직 우리가 천사들보다 잠시 동안 못하게 하심을 입은 자 곧 죽
> 음의 고난 받으심으로 말미암아 영광과 존귀로 관을 쓰신 예수
> 를 보니 이를 행하심은 하나님의 은혜로 말미암아 모든 사람을
> 위하여 죽음을 맛보려 하심이라"(히2:9)

주님께서 죽으심으로 잠시 동안 천사보다 못한 위치까지 내려가신
유일한 이유는 우리를 구원하기 위함입니다. 고난과 죽음을 만나는 것
은 "혈과 육"(히2:14)을 지닌 존재입니다. 그리고 죽음은 마귀가 행사
하는 권세의 영역입니다. 그러므로 죽는 것은 마귀에게 지는 것처럼
보일 수 있습니다. 수모의 정점입니다. 하지만 주님은 부활하심으로
죽음을 이기십니다. 그런 의미에서 예수의 죽음은 모든 죽음을 멸하는
사건이었습니다.

> "자녀들은 혈과 육에 속하였으매 그도 또한 같은 모양으로 혈과
> 육을 함께 지니심은 죽음을 통하여 죽음의 세력을 잡은 자 곧 마
> 귀를 멸하시며"(히2:14)

예수를 믿는 순간 우리는 모든 죽음에서 놓임 받습니다. 모든 인간이 겪는 "한평생 죽음의 공포에 싸여 살던"(공동번역/히2:15) 삶에서 해방되는 것입니다. 예수 안에서 더 이상 사망이 의미 없는 이유입니다.

> "나는 부활이요 생명이니 나를 믿는 자는 죽어도 살겠고 무릇 살
> 아서 나를 믿는 자는 영원히 죽지 아니하리니"(요11:25-26)

놀라운 신비입니다. 내가 쟁취하는 것이 아니라 주어지는 신비입니다. 모든 온전한 크리스천들이 받는 평안입니다. 육체적인 죽음이 올지라도 말입니다. 이 놀라운 길을 주님께서 고난 받으시고 죽으심으로 여기셨습니다. 그래서 히브리서 기자는 주님을 "구원의 창시자"라고 부릅니다. "창시자"의 헬라어 단어는 '아르케곤'으로 NIV와 NASB는 'author, 저자'라고 번역했습니다. 주님이 그 길의 저자가 된 것입니다.

> "그러므로 만물이 그를 위하고 또한 그로 말미암은 이가 많은 아
> 들들을 이끌어 영광에 들어가게 하시는 일에 그들의 구원의 창
> 시자를 고난을 통하여 온전하게 하심이 합당하도다"(히2:10)

* 묵상질문
우리를 죽음의 두려움에서 건져내시고 하나님의 자녀의 영광에 들어가게 하신 주님을 찬양합니다.

완전한 대제사장의 완전한 제사

* Lexio 읽기 / 히브리서 2:17-18

가능하면 오늘의 본문을 먼저 읽는 것이 좋지만 바로 아래 글을 읽어도 좋습니다. 충분히 본문을 이해하도록 배려하며 글을 썼습니다. 혹시 본문을 읽으신 분은 감동이 오는 말씀이나 단어 혹은 느낌을 간단히 적으시면 좋습니다.

"그도 또한 같은 모양으로 혈과 육을 함께 지니심은 죽음을 통하여 죽음의 세력을 잡은 자 곧 마귀를 멸하시며 또 죽기를 무서워하므로 한평생 매여 종 노릇 하는 모든 자들을 놓아 주려 하심이니"(히2:14-15)

평생 죽음을 무서워하며 사는 인간을 위해 주님이 먼저 죽으심으로 죽음을 이기는 길을 보여주셨습니다. 그런 의미에서 주님은 구원의 저자이십니다. 이를 위해 주님은 완전한 인간이어야 했습니다. 지금까지 살핀 것처럼 천사보다 잠시 동안 낮아지고, 마귀가 잡은 죽음의 권세 아래로 들어가야 했습니다. 육체를 가진 인간이었기 때문입니다. 주님이 모든 고난과 시험을 당하신 이유였습니다. 완전한 인간이셨기 때문입니다.

"그가 시험을 받아 고난을 당하셨은즉 시험 받는 자들을 능히 도우실 수 있느니라"(히2:18)

이처럼 인간의 모든 고난과 시험을 받으신 까닭에 예수 그리스도는 우리 모든 죄를 대속할 수 있는 대제사장의 정당성을 갖습니다. 드디어 히브리서에서만 17번 등장하는 "대제사장"이라는 용어가 처음 등장합니다.

> "그러므로 그분은 모든 점에서 당신의 형제들과 같아지셔야만 했
> 습니다. 그래서 자비롭고 진실한 대사제로서 하나님을 섬길 수
> 가 있었고 따라서 백성들의 죄를 없이 할 수 있었습니다."
> (공동번역/히2:17)

완전한 하나님(vere deus) 그리고 완전한 인간(vere homo)이신 예수 그리스도께서 완전한 제사를 드릴 수 있는 대제사장이 되신 것입니다. 단 한 번의 제사로 모든 죄를 구속하는 사역을 하신 것입니다.

> "오직 그리스도는 죄를 위하여 한 영원한 제사(one sacrifice)를 드
> 리시고"(히10:12)

더 이상 죄를 위한 어떤 제사도 필요 없습니다. 완전한 대제사장의 완전한 제사였기 때문입니다.

> "다시 죄를 위하여 제사 드릴 것이 없느니라"(히10:18)

* 묵상질문

우리가 죄에서 놓임 받은 것은 완전한 대제사장의 완전한 단 한 번의 제사 때문입니다. 이제 우리는 언제든지 예수 피에 힘입어 하나님께 담대히 나아갈 수 있게 되었습니다.

- -

- -

피와 살을 나눈 형제

* Lexio 읽기 / 히브리서 3:1−6

가능하면 오늘의 본문을 먼저 읽는 것이 좋지만 바로 아래 글을 읽어도 좋습니다. 충분히 본문을 이해하도록 배려하며 글을 썼습니다. 혹시 본문을 읽으신 분은 감동이 오는 말씀이나 단어 혹은 느낌을 간단히 적으시면 좋습니다.

> "자녀들은 다같이 피와 살을 가지고 있으므로 예수께서도 그들과
> 같은 피와 살을 가지고 오셨다"(공동번역/히2:14)

쉽게 말하면 그리스도와 우리는 '혈육'이라는 뜻입니다. 성찬식의 의미가 달라지는 순간입니다. 그리스도와 제자들이 혈육이 된다는 의미로 해석할 수 있기 때문입니다.

'혈육이다.' 그래서 예수께서 "당신의 형제들과 같아지셔야만 했습니다"(공동번역/히2:17). 형제들의 죄를 대신 짊어지시고 구속하시기 위함이었습니다. 히브리서 기자는 이 놀라운 사실을 2장에 걸쳐 설명합니다. 그래서 3장을 "그러므로"라는 접속사로 시작합니다. 피와 살을 나눈 형제로서 예수에게 시선을 늘 고정할 것을 요청합니다.

> "그러므로 함께 하늘의 부르심을 받은 거룩한 형제들아 우리가
> 믿는 도리의 사도이시며 대제사장이신 예수를 깊이 생각하라"
>
> (히3:1)

유대인들에게 모세는 매우 중요한 존재였습니다. 모세는 선지자이면서 제사장이며 지도자였습니다. 모세는 유대인들의 기준이었습니다. 그런데 히브리서 기자가 모세보다 예수를 따를 것을 요청합니다.

물론 모세를 폄하하는 것은 아닙니다. 그 역시 매우 신실하게 행했기 때문입니다(히3:2). 하지만 모세와 예수는 매우 분명한 차이가 있었습니다. 모세는 "하나님의 온 집에서 종으로서 신실"(히3:5)한 것이지만 "그리스도는 하나님의 집을 맡은 아들로서"(히3:6) 한 것이기 때문입니다. 아무리 모세가 위대할지라도 그는 종입니다. "종"(데라폰)과 "아들"(휘오스)의 차이입니다.

> "모세는 장래에 말할 것을 증언하기 위하여 하나님의 온 집에서
> 종으로서 신실하였고 그리스도는 하나님의 집을 맡은 아들로서
> 그와 같이 하셨으니"(히3:5-6)

흥미로운 것은 3장에서 처음으로 "그리스도"라는 호칭이 사용됩니다. 시작하는 1절에서는 "예수"라는 호칭을 쓰지만 단락을 마무리하면서 "그리스도"(히3:6)라고 표현합니다.

* 묵상질문
우리는 예수의 피와 살을 나눈 형제입니다. 이것을 절대 잊지 마십시오.

므리바와 맛사의 반복은 안 된다

* Lexio 읽기 / 히브리서 3:7-8, 시편 95:1-11
가능하면 오늘의 본문을 먼저 읽는 것이 좋지만 바로 아래 글을 읽어도 좋습니다. 충분히 본문을 이해하도록 배려하며 글을 썼습니다. 혹시 본문을 읽으신 분은 감동이 오는 말씀이나 단어 혹은 느낌을 간단히 적으시면 좋습니다.

유대 크리스천들이 다시 유대교로 돌아가려 하고 있었습니다. 그래서 히브리서 기자가 시편 95편을 꺼냅니다. 시편 95편의 전반부(시 95:1-7)는 유대인들이 "금요일 저녁과 안식일 아침에 회당 예배의 시작을 알릴 때 사용"(그랜트 오스본, 『히브리서』, 성서유니온선교회, 83쪽)하는 구절이었습니다.

> "오라 우리가 여호와께 노래하며 우리의 구원의 반석을 향하여 즐거이 외치자... 그는 우리의 하나님이시요 우리는 그가 기르시는 백성이며 그의 손이 돌보시는 양이기 때문이라 너희가 오늘 그의 음성을 듣거든"(시95:1,7)

히브리서 기자는 이 구절을 직접 인용하지 않습니다. 아마 예배 때마다 늘 들었기에 마지막 "너희가 오늘 그의 음성을 듣거든"(시95:7)만 언급해도 독자들이 알아들을 것으로 여겼기 때문입니다.

> "그러므로 성령이 이르신 바와 같이 오늘 너희가 그의 음성을 듣거든"(히3:7)

그런데 인용된 시편과 히브리서 구절에서 미묘한 차이를 발견할 수 있습니다.

> "너희는 므리바에서와 같이 또 광야의 맛사에서 지냈던 날과 같
>   이 너희 마음을 완악하게 하지 말지어다"(시95:8)

> "광야에서 시험하던 날에 거역하던 것 같이 너희 마음을 완고하
>   게 하지 말라"(히3:8)

히브리서는 "므리바"와 "맛사" 대신 "시험"과 "완고"로 번역합니다. 물론 히브리서 기자가 임의로 바꾼 것은 아닙니다. 그가 즐겨 사용한 칠십인역을 쓴 것입니다. 칠십인역은 "므리바"의 뜻을 풀어 '스클레뤼노' 곧 '강팍(완악, 완고)하다'라는 단어를 썼고, "맛사"의 뜻을 풀어 '페이라스모스' 곧 '시험하다'라는 뜻의 단어를 썼습니다. 히브리서 기자는 칠십인역을 통해 직설적으로 40년 광야 생활에도 불구하고 이스라엘이 한심했던 이유를 말하고자 했던 것입니다.

* 묵상질문

하나님의 말씀이 들릴 때 완악하게 하지 마시고 받아들이셔야 합니다. 하나님은 언제나 옳으시기 때문입니다. 하나님의 말씀이 틀릴 리 없고, 우리의 결정이 하나님보다 옳을 리 없기 때문입니다.

늘 마음을 부드럽게

* Lexio 읽기 / 히브리서 3:7-11
가능하면 오늘의 본문을 먼저 읽는 것이 좋지만 바로 아래 글을 읽어도 좋습니다. 충분히
본문을 이해하도록 배려하며 글을 썼습니다. 혹시 본문을 읽으신 분은 감동이 오는 말씀이
나 단어 혹은 느낌을 간단히 적으시면 좋습니다.

"오늘 너희가 그의 음성을 듣거든 광야에서 시험하던 날에 거역
하던 것 같이 너희 마음을 완고하게 하지 말라"(히3:7-8)

도대체 이스라엘은 무엇 때문에 완고하고 완악했던 것입니까? 이스
라엘이 가데스에 도착했을 때였습니다. 모세는 열두 지파의 지도자들
을 가나안 땅에 보내어 정탐하게 하였습니다. 그런데 정탐 후 돌아와
서 여호수아 갈렙을 제외한 나머지 열 지파 지도자들이 엄청난 보고를
합니다.

"우리는 능히 올라가서 그 백성을 치지 못하리라 그들은 우리보
다 강하니라… 거기서 네피림 후손인 아낙 자손의 거인들을 보
았나니 우리는 스스로 보기에도 메뚜기 같으니 그들이 보기에도
그와 같았을 것이니라"(민13:31,33)

이와 같은 보고에 이스라엘 온 회중이 "밤새도록 통곡"(민14:1)하며
절망합니다. 그것이 시작이었습니다. 40년 동안의 광야 생활에서 "완
고"와 "시험"을 반복한 이유입니다.

"거기서 너희 열조가 나를 시험하여 증험하고 사십 년 동안 나의
행사를 보았느니라"(히3:9)

40년 동안 확인하고 또 경험했어도 소용없었습니다. 히브리서 기자
는 그 이유를 "항상 마음이 미혹되어"(히3:10) 있었기 때문이라고 말합
니다.

'미혹되어 있었다.' 이미 한번 무너진 마음과 생각은 40년 동안 하나
님의 역사를 경험해도 새로워지지 않았다는 뜻입니다. 달리 말하면 마
음의 변화가 그만큼 힘들다는 뜻이며, 세상과 사람의 속삭임이 그만큼
강하다는 뜻이기도 합니다. 이 같은 상태의 진짜 위기는 이로 인해 길
을 찾지 못할 가능성이 있다는 것입니다. 길을 잃는 것입니다. 결국 하
나님의 안식, 곧 하나님 나라를 누리지 못하게 됩니다.

"그들이 항상 마음이 미혹되어 내 길을 알지 못하는도다 하였고
내가 노하여 맹세한 바와 같이 그들은 내 안식에 들어오지 못하
리라"(히3:10-11)

그러므로 하나님의 음성이 들릴 때 무조건 받아들이시고 귀를 기울
이십시오. 그것만이 살 길이기 때문입니다.

＊ 묵상질문
늘 말씀으로 마음을 부드럽게 해야 하고 늘 성령의 통치를 받는 상태를 유지해야 합니다.
늘 그래야 합니다.

적극적으로 힘을 다하여

* Lexio 읽기 / 히브리서 3:12-14
가능하면 오늘의 본문을 먼저 읽는 것이 좋지만 바로 아래 글을 읽어도 좋습니다. 충분히 본문을 이해하도록 배려하며 글을 썼습니다. 혹시 본문을 읽으신 분은 감동이 오는 말씀이나 단어 혹은 느낌을 간단히 적으시면 좋습니다.

"그들이 항상 마음이 미혹되어 내 길을 알지 못하는도다 하였고
내가 노하여 맹세한 바와 같이 그들은 내 안식에 들어오지 못하
리라"(히3:10-11)

이스라엘은 모세의 인도 아래 출애굽 한 백성들입니다. 아름다운 시작이었습니다. 하지만 마지막 목적지인 "안식", 곧 가나안에는 여호수아와 갈렙을 제외한 20세 이상의 백성들은 들어갈 수 없었습니다. 장엄하고 멋진 출애굽의 시작에는 있었지만 끝엔 이르지 못한 것입니다. 그러므로 확신한 것을 시작부터 끝까지 견고하게 붙잡고 가는 것은 매우 중요합니다.

"우리가 시작할 때에 확신한 것을 끝까지 견고히 잡고 있으면 그
리스도와 함께 참여한 자가 되리라"(히3:14)

왜 시작은 했는데 끝에 이르지 못하고 떨어진 것입니까? 히브리서 기자는 "믿지 아니하는 악한 마음"을 품었기 때문이라고 말합니다.

"형제들아 너희는 삼가 혹 너희 중에 누가 믿지 아니하는 악한 마음을 품고 살아 계신 하나님에게서 떨어질까 조심할 것이요"
(히3:12)

"믿지 아니하는 악한 마음"을 설명하기 위해 히브리서 기자는 시편 95편 8절을 인용합니다. "완악"한 마음, 곧 완고하고 경직된 마음입니다. 이 마음은 '믿기를 거절한 것'이라기보다 '완전히 믿기를 거절한 것'을 의미합니다. 믿기는 하는데 전적으로 적극적으로 믿지 않는 것입니다. 그것을 "악한 마음"이라고 썼습니다. 이것의 결과는 하나님에게서 떨어져 나가는 '배교'라고 히브리서 기자는 말합니다.

적당히 취하는 믿음이 적극적으로 믿지 않는 결과를 빚었고 급기야 배교를 낳는다는 히브리서 기자의 지적을 유의해야 합니다. 우리도 같은 과정으로 하나님에게서 멀어질 수 있기 때문입니다.

믿음을 시작하였다면 적극적으로 힘을 다하여 믿어야 합니다. 말씀과 기도를 배우며 예배하는 삶, 물질이 하나님께 속했다는 고백으로의 헌금, 봉사와 섬김의 삶까지 그동안과 다른 삶으로 확실하게 전환하여 적극적으로 말입니다.

* 묵상질문
적극적으로 마음을 다해 믿는 것이 중요합니다.

옳은 형제자매애

* Lexio 읽기 / 히브리서 3:12-14
가능하면 오늘의 본문을 먼저 읽는 것이 좋지만 바로 아래 글을 읽어도 좋습니다. 충분히 본문을 이해하도록 배려하며 글을 썼습니다. 혹시 본문을 읽으신 분은 감동이 오는 말씀이나 단어 혹은 느낌을 간단히 적으시면 좋습니다.

"형제들아 너희는 삼가 혹 너희 중에 누가 믿지 아니하는 악한 마음을 품고 살아 계신 하나님에게서 떨어질까 조심할 것이요"
(히3:12)

적극적으로 예수를 믿는 것은 쉽지 않습니다. 그래서 믿음의 퇴보 혹은 배교의 경우가 발생하는 것입니다. 히브리서 기자는 그것을 걱정하며 개인의 열심 있는 추구와 함께 공동체의 역할을 강조하였습니다.

"오직 오늘이라 일컫는 동안에 매일 피차 권면하여 너희 중에 누구든지 죄의 유혹으로 완고하게 되지 않도록 하라"(히3:13)

하나님에게서 떨어지지 않는 방법으로 히브리서 기자는 "매일 피차 권면"할 것을 말합니다. "매일", "날마다"(공동번역) 할 것을 요청합니다. 이 말은 늘 믿음으로 바르게 살아가는 형제자매가 있어야 한다는 뜻이고, 그들과 교제하는 공동체 안에 거해야 한다는 뜻입니다. 실제로 건강한 신앙생활을 하는 이들을 살펴보면 그들의 공동체 역시 건강한 것을 볼 수 있습니다. 그들에게는 피차 권면하고 도와주어 죄의 유혹에 빠질 때 경고하거나 도전할 수 있는 지체들이 주변에 있습니다.

"서로 돌아보아 사랑과 선행을 격려하며"(히10:24)

그리스도 안에서 좋은 형제자매란 선하고 아름다운 것을 격려하며 돌아보는 이들입니다. 바꿔 말하면 악하고 더러운 것을 행하는 지체들에게 바른 권면을 하는 이들이 좋은 형제자매라는 뜻입니다. 그러나 우리는 가끔 지체들이 '죄와 더러움'을 범하더라도 용인하거나 묵인하는 것을 그들을 사랑하는 일로 착각합니다. 아닙니다. 그들이 죄에서 벗어나도록 바로잡아주어야 합니다. 이처럼 할 때 그들만이 아니라 우리 자신도 빠질 위험에서 벗어날 수 있다고 바울은 말합니다.

"형제 여러분, 여러분은 성령의 지도를 따라 사는 사람이니, 어떤 사람이 잘못을 저질렀을 때 온유한 마음으로 바로잡아 주어야 합니다. 그리고 여러분도 유혹에 빠지지 않도록 자신을 살피십시오."(공동번역/갈6:1)

* 묵상질문
죄와 더러움을 범하는 지체를 바로잡아주고 선과 아름다움을 행하는 지체들을 축복하는 것이 옳은 형제자매애입니다.

- -

- -

들리면 행동하라

* Lexio 읽기 / 히브리서 3:15-19
가능하면 오늘의 본문을 먼저 읽는 것이 좋지만 바로 아래 글을 읽어도 좋습니다. 충분히
본문을 이해하도록 배려하며 글을 썼습니다. 혹시 본문을 읽으신 분은 감동이 오는 말씀이
나 단어 혹은 느낌을 간단히 적으시면 좋습니다.

> "너희는 므리바에서와 같이 또 광야의 맛사에서 지냈던 날과 같
> 이 너희 마음을 완악하게 하지 말지어다"(시95:8)

히브리서 기자는 시편 95편 7-8절 말씀을 히브리서 3장 7-8절에 이
어서 15절에서도 사용합니다.

> "성경에 일렀으되 오늘 너희가 그의 음성을 듣거든 격노하시게
> 하던 것 같이 너희 마음을 완고하게 하지 말라 하였으니"(히3:15)

히브리서 기자는 이 말을 하고 싶었던 것입니다. '하나님의 음성을
들어도 반역할 수 있다.' 이스라엘 백성들이 광야에서 들은 말씀은 그
들이 전적으로 신뢰하는 모세로부터 들은 하나님의 말씀이었습니다.
그런데 거역합니다.

> "그분의 음성을 듣고도 반역한 자들은 누구였습니까? 모두 모세
> 의 인도를 받아 이집트를 빠져 나온 사람들이 아니었습니까?"
>
> (공동번역/히3:16)

더욱 놀라운 것은 하나님이 모세를 통하여 말씀하신 기간은 무려 40년이었습니다. 그럼에도 불구하고 이스라엘은 하나님의 말씀에 온전히 청종하지 않았습니다.

"또 하나님이 사십 년 동안 누구에게 노하셨느냐"(히3:17)

하나님은 40년 동안 말씀하셨고 기다리셨으며 기회를 주셨습니다. 그런데도 온전히 하나님을 믿지 않았습니다. 가나안에 들어가지 못한 자들의 이유입니다. 초지일관 불순종한 것입니다. 왜 그렇습니까? 히브리서 기자는 그 이유를 마음의 문제로 보았습니다. 그것이 하나님의 음성을 들었어도 완고하게 자기 안에 갇혀 있게 된 이유라고 말합니다.

"너희가 오늘 하나님의 음성을 듣거든 반역하던 때처럼 완악한 마음을 품지 마라."(공동번역/히3:15)

하나님의 음성을 들은 후에도 우리는 떠나고 배반할 수 있습니다. 그러므로 하나님의 음성이 들리면 행동해야 합니다. 청종해야 합니다.

* 묵상질문
하나님의 음성이 들리면 즉각 행동해야 합니다. 절대로 미뤄서는 안 됩니다. '들리면 행동하라.' 잊지 마십시오.

- -

- -

안식의 의미

* Lexio 읽기 / 히브리서 4:1-5
가능하면 오늘의 본문을 먼저 읽는 것이 좋지만 바로 아래 글을 읽어도 좋습니다. 충분히 본문을 이해하도록 배려하며 글을 썼습니다. 혹시 본문을 읽으신 분은 감동이 오는 말씀이나 단어 혹은 느낌을 간단히 적으시면 좋습니다.

"또 하나님이 누구에게 맹세하사 그의 안식에 들어오지 못하리라
하셨느냐"(히3:18)

히브리서 기자가 "그들은 내 안식에 들어오지 못하리라"(시95:11)라는 시편 말씀을 언급함으로 "안식"이 단순 가나안 땅을 의미하는 것처럼 보이지만 그렇지 않습니다.

"그러므로 우리는 두려워할지니 그의 안식에 들어갈 약속이 남아
있을지라도 너희 중에는 혹 이르지 못할 자가 있을까 함이라"
(히4:1)

여기서 "안식"은 40년 광야 생활 후 가나안 땅에 들어가는 안식과는 다른 의미입니다. 다만 히브리서 기자는 이스라엘이 말씀을 듣고도 마음을 완고하게 하여 믿지 않아 가나안에 들어가지 못한 것을 모형적으로 사용한 것입니다. 그러면서 기자는 이스라엘과 달리 오늘의 우리는 말씀을 들었고 믿은 까닭에 안식에 들어갈 수 있다고 말합니다.

"이미 믿는 우리들은 저 안식에 들어가는도다"(히4:3)

그렇다면 히브리서 기자가 말하는 "안식"은 무엇입니까?

"그러나 우리는 믿었기 때문에 그 안식처에 들어가게 될 것입니다. 사실 하나님께서도 세상을 창조하셨을 때에 일을 다 마치시고 쉬셨습니다. 이것은 일곱째 날에 관하여 성서 어디엔가 '하나님께서는 당신의 모든 일을 마치시고 일곱째 날에 쉬셨다.'고 기록된 말씀대로입니다."(공동번역/히4:3-4)

하나님이 창조 후 칠 일째에 쉬신 것은 정확하게 말해서 일을 멈추고 쉬신 것이 아니라, 완전한 완료에서의 쉼입니다. 히브리서 기자가 인용한 창세기 2장 2절의 "모든 일을 그치고 일곱째 날에 안식하시니라"에서 사용된 '안식하다'의 히브리어 '솨바트'는 '완성되다, 끝내다'라는 의미를 갖습니다. 그러므로 히브리서 기자가 말하는 안식은 완성으로의 안식을 말함을 알 수 있습니다.

* 묵상질문
하나님이 주시는 안식은 완료, 완성을 말합니다. 곧 만족입니다. 기억하십시오.

- -

- -

안식 곧 완전한 만족

* Lexio 읽기 / 히브리서 4:6-11
가능하면 오늘의 본문을 먼저 읽는 것이 좋지만 바로 아래 글을 읽어도 좋습니다. 충분히 본문을 이해하도록 배려하며 글을 썼습니다. 혹시 본문을 읽으신 분은 감동이 오는 말씀이나 단어 혹은 느낌을 간단히 적으시면 좋습니다.

> "과연 그들은 먼저 그 기쁜 소식을 전해 듣고도 순종하지 않은 탓으로 그 안식을 누리지 못하였습니다. 그러나 다른 사람들이 안식을 누릴 기회는 아직도 남아 있습니다."(공동번역/히4:6)

출애굽 한 이스라엘 백성이 모세를 통하여 하나님의 말씀을 믿고 순종했다면 그들 역시 "안식"을 얻었을 것입니다. 사실 이스라엘이 누릴 참된 안식은 가나안 땅이 아니라 하나님과 동행함으로 얻는 안식이었습니다. 40년 동안의 광야 생활은 가나안으로 인도하기 위한 훈련의 기간이 아니라 하나님과의 연합으로 인한 안식을 누리는 시간이었습니다. 그런데 이스라엘은 하나님 안에서의 안식이 아니라 가나안 땅에 거하는 안식만 추구했던 것입니다. 이스라엘이 가나안 땅에 거하면서도 안식과 평화가 없었던 이유입니다.

히브리서 기자는 그때 이스라엘이 참된 안식을 누리지 못했다는 것을 언급하면서 "안식할 때가 하나님의 백성에게 남아 있도다"(히4:9)라고 말합니다. 그러므로 '하나님의 안식에 들어가기를 힘쓸 것'(히4:11)을 요청합니다. 그렇다면 하나님의 안식은 무엇입니까?

"이미 그의 안식에 들어간 자는 하나님이 자기의 일을 쉬심과 같
   이 그도 자기의 일을 쉬느니라"(히4:10)

"안식"은 앞에서 설명한 것처럼 일을 쉬거나 멈추는 개념이 아니라
'완성, 완료'를 뜻합니다. 하나님의 창조 사역의 완성을 말합니다. 그
러므로 우리가 하나님처럼 쉰다는 뜻은 우리 삶의 완성을 의미합니다.
완전한 만족과 평안이 이뤄진 상태를 말합니다.

   이 세상에서 인간의 삶은 멈출 수 없습니다. 마치 브레이크가 고장
난 기차 같습니다. 부요해도 만족한 부요는 없고 쾌락 역시 만족한 쾌
락은 없습니다. 그래서 쉼, 곧 안식은 존재하지 않습니다. 시간이 갈수
록 폭주 기관차 같은 삶을 사는 이유입니다. 그러나 하나님의 말씀을
듣고 그 말씀을 믿음으로 순종하고 따라가는 자들에게는 안식 곧 삶의
완성, 완전한 만족이 옵니다. 이 세상을 살지만 저 세상을 사는 초연함
이 온다는 뜻입니다.

* 묵상질문

어거스틴의 말이 옳습니다. '하나님 아버지 품에 안기기 전까지 내게 쉼(안식)은 없습니다.'
잊지 마십시오.

하나님의 말씀과 하나님의 동일함

* Lexio 읽기 / 히브리서 4:12-13

가능하면 오늘의 본문을 먼저 읽는 것이 좋지만 바로 아래 글을 읽어도 좋습니다. 충분히 본문을 이해하도록 배려하며 글을 썼습니다. 혹시 본문을 읽으신 분은 감동이 오는 말씀이나 단어 혹은 느낌을 간단히 적으시면 좋습니다.

> "그러니 우리도 그 안식을 누리도록 힘써야겠습니다. 옛사람들처럼 순종하지 않다가 낭패를 보아서야 되겠습니까?"
>
> (공동번역/히4:11)

하나님의 안식에 거하는 것, 그것은 온전한 하나님의 통치 아래 하나님으로 완성되는 상태를 말합니다. 그로 인해 그곳이 황폐한 광야든지 번화한 도시 가나안이든지 상관없이 하나님의 자녀로 사는 것이 하나님의 뜻입니다. 그래서 하나님의 음성이 들려도 순종하지 않고, 하나님의 온전한 통치 아래 살지 않게 되는 것은 위험합니다.

12절의 시작 구절의 헬라어는 '존 가르 호 로고스 투 데우'입니다. 개역개정성경은 이를 "하나님의 말씀은 살아 있고"(히4:12a)로 번역했는데 놓친 단어가 있습니다. 바로 '왜냐하면'으로 번역되는 헬라어 단어 '가르'입니다. 이를 기억하고 다시 11절과 연결시켜 번역하면 이렇습니다.

> "하나님의 음성을 듣는다면 마음을 완악하게 하지 말고 온전한
> 하나님의 통치가 이루어지는 완전한 안식에 이르도록 힘써야 합
> 니다. 왜냐하면 하나님의 말씀은 살아 있기 때문입니다."
>
> (하정완의역/히4:11-12 일부)

오늘의 본문은 우리가 하나님의 말씀을 설명하려 할 때 주로 인용하는 구절이지만, 히브리서 기자의 강조점은 하나님의 말씀과 하나님의 동일함입니다. 그래서 개역개정성경은 "그 앞에"(히4:13)로 번역하지만 대부분 "하나님 앞에는(새번역)", "from God's sight"(NIV)으로 번역합니다.

하나님의 말씀은 단순히 문자나 음성 이해 정도가 아니라 하나님이 직접 말씀하시는 것과 동일합니다. 그래서 하나님 앞에 서면 우리의 모든 것이 낱낱이 드러나듯이 하나님의 말씀이 들릴 때 우리의 모든 것이 드러납니다. 그러므로 그 음성을 듣고도 거절하고 순종하지 않는 것은 심판에 이르는 행위입니다.

> "피조물치고 하나님 앞에 드러나지 않는 것은 없습니다. 하나님
> 의 눈앞에는 모든 것이 다 벌거숭이로 드러나게 마련입니다. 언
> 젠가는 우리도 그분 앞에서 심판을 받아야 합니다."
>
> (공동번역/히4:13)

* 묵상질문

하나님의 말씀을 들으며 그 음성이 들릴 때 간과해서는 안 됩니다. 말씀을 주의하여 듣고 행해야 합니다.

제 3 부

큰 대제사장이신 예수

큰 대제사장인 예수 때문에

* Lexio 읽기 / 히브리서 4:14-16
가능하면 오늘의 본문을 먼저 읽는 것이 좋지만 바로 아래 글을 읽어도 좋습니다. 충분히
본문을 이해하도록 배려하며 글을 썼습니다. 혹시 본문을 읽으신 분은 감동이 오는 말씀이
나 단어 혹은 느낌을 간단히 적으시면 좋습니다.

- -

- -

> "피조물치고 하나님 앞에 드러나지 않는 것은 없습니다. 하나님
> 의 눈앞에는 모든 것이 다 벌거숭이로 드러나게 마련입니다. 언
> 젠가는 우리도 그분 앞에서 심판을 받아야 합니다."
>
> (공동번역/히4:13)

우리는 어느 날 하나님 앞에 심판을 받기 위해 서야 할 것입니다.
그때 모든 것이 드러날 것입니다. 두려운 일입니다. 그래서 14절의
앞부분이 중요합니다. 개역개정성경에서 "그러므로"로 번역된 헬라
어 접속사 '운'은 '그러나, 그때, 그리고' 등으로 번역되지만 '그렇지만'
(however)으로도 가능합니다. 그중 '그렇지만'이란 뜻으로 번역하면 다
음과 같습니다. '그렇지만 우리에게 큰(great) 대제사장이 있습니다.'

이전의 대제사장은 1년에 단 한 번 지성소에 들어갈 수 있었으며,
그것도 지성소로 하나님이 오셔야 했습니다. 하지만 하나님의 아들 예
수는 1년에 한 번이 아니라 아예 하나님의 보좌로 올라가신 "큰 대제
사장"입니다. 히브리서 기자는 이 부분을 기막히게 기술합니다.

"승천하신"으로 번역한 헬라어는 '디에레뤼소타 투스 우라누스'입니다. 이를 직역하면 '하늘들(우라누스)을 뚫고 지나가신'입니다. 다시 말해 하나님의 아들 예수는 모든 하늘들(하나님 앞에 이르기까지 모든 것들, 지상의 개념으로 보면 성소, 휘장, 지성소)을 단박에 지나쳐 하나님 앞으로 가신 것입니다. 더욱이 하나님 앞에 나아가신 큰 대제사장 예수는 우리와 똑같이 시험을 받으심으로 우리의 죄를 이해하시며 우리의 연약함을 아시는 분입니다.

> "우리에게 있는 대제사장은 우리의 연약함을 동정하지 못하실 이가 아니요 모든 일에 우리와 똑같이 시험을 받으신 이로되 죄는 없으시니라"(히4:15)

그래서 히브리서 기자는 "우리가 믿는 도리"(히4:14)인 예수를 굳게 잡고 하나님 은혜의 보좌로 나아가자고 말합니다. 예수 때문에 우리가 그런 존재가 된 것입니다.

> "그러므로 우리는 긍휼하심을 받고 때를 따라 돕는 은혜를 얻기 위하여 은혜의 보좌 앞에 담대히 나아갈 것이니라"(히4:16)

* 묵상질문

우리는 큰 대제사장이신 예수 때문에 살 수 있는 존재입니다. 그리스도 예수 없이 우리는 아무것도 아닙니다.

대제사장과 큰 대제사장의 분명한 차이

* Lexio 읽기 / 히브리서 5:1-3,7-9

가능하면 오늘의 본문을 먼저 읽는 것이 좋지만 바로 아래 글을 읽어도 좋습니다. 충분히 본문을 이해하도록 배려하며 글을 썼습니다. 혹시 본문을 읽으신 분은 감동이 오는 말씀이나 단어 혹은 느낌을 간단히 적으시면 좋습니다.

> "우리에게 있는 대제사장은 우리의 연약함을 동정하지 못하실 이가 아니요 모든 일에 우리와 똑같이 시험을 받으신 이로되 죄는 없으시니라"(히4:15)

큰 대제사장으로서 하나님의 아들 예수가 우리의 연약함을 아시고 우리와 똑같이 시험받으셨다는 기록이 이상해 보일 수도 있지만 5장에서 그 이유를 밝힙니다.

> "대제사장마다 사람 가운데서 택한 자이므로 하나님께 속한 일에 사람을 위하여 예물과 속죄하는 제사를 드리게 하나니"(히5:1)

대제사장은 "사람을 위하여 예물과 속죄하는 제사를"(히5:1) 드립니다. 그러므로 반드시 "사람 가운데서" 택해져야 했습니다. 사람을 위하려면 반드시 그 자신이 사람이어야 하기 때문입니다. 그래야 심지어 "무식하고 잘못에 빠진 사람"(현대인의성경/히5:2)조차 용납할 수 있는 "연약"을 이해할 수 있기 때문입니다.

"그가 무식하고 미혹된 자를 능히 용납할 수 있는 것은 자기도 연
　약에 휩싸여 있음이라"(히5:2)

　대제사장은 자신의 연약함과 무지 그리고 죄를 인식할 수 있는 자여
야 했습니다. 그리고 죄를 짓지 않는 자가 아니라 죄에 노출된 자였습
니다. 그래서 대제사장은 모든 백성의 죄를 대속하기 위해 지성소에
들어가기 전에 먼저 희생 제물로 자신을 정결하게 하는 제사를 드려야
했습니다.

"이 날에 너희를 위하여 속죄하여 너희를 정결하게 하리니 너희
　의 모든 죄에서 너희가 여호와 앞에 정결하리라... 지성소를 속
　죄하며 회막과 제단을 속죄하고 또 제사장들과 백성의 회중을
　위하여 속죄할지니 이는 너희가 영원히 지킬 규례라 이스라엘
　자손의 모든 죄를 위하여 일 년에 한 번 속죄할 것이니라"
　(레16:30,33-34)

　이 같은 대제사장의 모습은 큰 대제사장으로서 예수와 근본적인 차
이가 있습니다. 우리의 연약함을 아시고 우리와 동일하게 시험을 받으
셨지만 자신의 죄를 위한 제사가 필요하지 않으신 대제사장이시기 때
문입니다.

* 묵상질문
큰 대제사장이신 예수는 우리의 연약함과 죄를 아십니다. 바로 그 죄를 위해 스스로 제물
이 되어 대속하셨습니다.

멜기세덱의 반차를 좇는 제사장

* Lexio 읽기 / 히브리서 5:4-6,10, 창세기 14:14-20
가능하면 오늘의 본문을 먼저 읽는 것이 좋지만 바로 아래 글을 읽어도 좋습니다. 충분히
본문을 이해하도록 배려하며 글을 썼습니다. 혹시 본문을 읽으신 분은 감동이 오는 말씀이
나 단어 혹은 느낌을 간단히 적으시면 좋습니다.

"그러므로 백성을 위하여 속죄제를 드림과 같이 또한 자신을 위
하여도 드리는 것이 마땅하니라"(히5:3)

큰 대제사장이신 예수 그리스도와 일반적인 대제사장과의 근본적인
차이는 자신을 위해 속죄제를 드릴 필요가 없다는 것입니다. 그런데
주의할 것은 대제사장은 자신이 원한다고 되는 것이 아니었습니다. 반
드시 아론처럼 하나님의 부르심을 받아야 했습니다.

"이 존귀는 아무도 스스로 취하지 못하고 오직 아론과 같이 하나
님의 부르심을 받은 자라야 할 것이니라"(히5:4)

그런 점에서 예수께서 대제사장이 되신 것은 스스로 되신 것이 아니
라 하나님께서 임명하신 것입니다. 그것은 시편 2편 7절의 성취였습니
다.

"또한 이와 같이 그리스도께서 대제사장 되심도 스스로 영광을
취하심이 아니요 오직 말씀하신 이가 그에게 이르시되 너는 내

아들이니 내가 오늘 너를 낳았다 하셨고"(히5:5)

또 대제사장직을 받는 자는 레위 지파 중 아론의 반차를 따라야 했습니다. 그런데 예수는 아론의 자손이 아니었습니다. 하지만 히브리서 기자는 예수께서 멜기세덱의 반차를 따르는 제사장이라는 놀라운 사실을 말합니다.

"또한 이와 같이 다른 데서 말씀하시되 네가 영원히 멜기세덱의
반차를 따르는 제사장이라 하셨으니"(히5:6)

히브리서 기자는 '멜기세덱의 반차'를 따르는 제사장 계보를 시편 110편 4절을 인용하며 7장에서 자세히 언급합니다. 더불어 창세기 14장에도 잘 기록되어 있습니다. 아브라함이 전쟁에서 이기고 돌아오면서 전리품의 "십분의 일을 멜기세덱"(창14:20)에게 주는데 놀랍게도 그는 하나님의 제사장이었습니다. 아브라함의 자손인 아론 계열의 제사장직 전에 있던 하나님의 제사장이었습니다. 예수는 바로 그 멜기세덱 반차를 따르는 제사장이었습니다.

"살렘 왕 멜기세덱이 떡과 포도주를 가지고 나왔으니 그는 지극
히 높으신 하나님의 제사장이었더라"(창14:18)

* **묵상질문**
예수의 대제사장직이 우선됨을 이해하시겠습니까?

미성숙의 원인, 게으름

* Lexio 읽기 / 히브리서 5:11-14
가능하면 오늘의 본문을 먼저 읽는 것이 좋지만 바로 아래 글을 읽어도 좋습니다. 충분히 본문을 이해하도록 배려하며 글을 썼습니다. 혹시 본문을 읽으신 분은 감동이 오는 말씀이나 단어 혹은 느낌을 간단히 적으시면 좋습니다.

- -

- -

> "멜기세덱에 관하여는 우리가 할 말이 많으나 너희가 듣는 것이
> 둔하므로 설명하기 어려우니라"(히5:11)

히브리서 기자는 아론 계열이 아닌 멜기세덱 반차를 따르는 예수의 대제사장직을 설명하다가 갑자기 멈춥니다. 할 말이 많지만 멈춘다고 말합니다. 성경은 단순히 그 이유를 "둔하므로" 설명하기 어려워서라고 쓰지만, "둔하므로"의 헬라어 '노드로스'는 '게으른, 나태한, 우둔한'이라는 뜻을 포함합니다. 그러니까 정확히는 게을러서 둔해졌다는 말입니다.

가끔 훈련을 시키다가 당황스러울 때를 만납니다. 오랫동안 신앙생활을 했고, 직분도 있으니 웬만한 단계의 신앙을 지녔다고 생각했는데 여전히 초보적 신앙에 머무는 것을 볼 때입니다. 히브리서 기자도 그런 상황으로 마주한 것입니다. 설명을 하다가 독자들의 수준을 인식한 것입니다.

"때가 오래 되었으므로 너희가 마땅히 선생이 되었을 터인데 너
희가 다시 하나님의 말씀의 초보에 대하여 누구에게서 가르침을
받아야 할 처지이니 단단한 음식은 못 먹고 젖이나 먹어야 할 자
가 되었도다"(히5:12)

히브리서 독자들이 그랬습니다. 유대교를 떠나 예수를 믿게 되었는
데 여전히 초보에 머물고 있었습니다. 그것은 위기였습니다. 히브리서
를 쓰는 이유이기도 했는데 그들은 다시 유대교로 돌아가려는 생각을
하고 있었습니다. 단단한 음식을 먹지 못하고 여전히 젖을 먹는 상태
였습니다. 왜 여전히 그런 지경에 있는 것입니까? 히브리서 기자는 그
이유를 '게으름'(노드로스)이라고 말합니다.

사실 대부분의 미성숙과 성장이 더디거나 멈춘 이유는 게으르기 때
문입니다. 더 이상 성숙을 위한 훈련을 받으려 하지 않기 때문입니다.
늘 쉬운 복음, 축복과 번영에만 매달려 다음 단계로 나아가기를 원치
않기 때문입니다. 그것을 히브리서 기자는 '지각과 연단'으로 설명하였
습니다.

"단단한 음식은 장성한 자의 것이니 그들은 지각을 사용함으로
연단을 받아 선악을 분별하는 자들이니라"(히5:14)

* 묵상질문

젖만 먹는 단계에 머물러서는 안 됩니다. 성숙에 이르러야 합니다. 다음 단계의 훈련으로
나아가야 합니다. 머물러서는 안 됩니다. 게을러서는 안 됩니다.

기초적인 교훈을 넘어서

* Lexio 읽기 / 히브리서 6:1-3
가능하면 오늘의 본문을 먼저 읽는 것이 좋지만 바로 아래 글을 읽어도 좋습니다. 충분히
본문을 이해하도록 배려하며 글을 썼습니다. 혹시 본문을 읽으신 분은 감동이 오는 말씀이
나 단어 혹은 느낌을 간단히 적으시면 좋습니다.

> "때가 오래 되었으므로 너희가 마땅히 선생이 되었을 터인데 너
> 희가 다시 하나님의 말씀의 초보에 대하여 누구에게서 가르침을
> 받아야 할 처지이니 단단한 음식은 못 먹고 젖이나 먹어야 할 자
> 가 되었도다"(히5:12)

여전히 미성숙하고 젖먹이 수준의 독자들에게 히브리서 기자는 "그
리스도의 도의 초보를"(히6:1) 버릴 것을 요청합니다. 여기서 버린다
는 말은 불필요하다는 뜻이 아니라 그것을 넘어서야 한다는 뜻입니다.
히브리서 기자가 말하는 버려야 할 것들은 매우 기본적인 것입니다.
그 내용을 세 묶음으로 설명하는데, 오늘 우리 신앙의 수준을 살펴볼
수 있는 시험지일 수도 있습니다. 한 번 자신에게 적용해서 읽으면 좋
겠습니다.

첫째는 "죽은 행실을 회개함과 하나님께 대한 신앙"(히6:1)입니다.
회개와 믿음입니다. 여전히 온전한 회개가 이뤄지지 않고 흔들리는 믿
음으로 고민하는 모습입니다. 죄에 흔들리고 믿음마저 흔들리는 상황
입니다. 나는 어떤 상태입니까?

둘째는 "세례들과 안수"(히6:2)의 문제입니다. 세례를 통한 죄의 해결과 안수를 통한 축복에 집착하는 모습입니다. 내가 하나님 앞에 나아가는 것이 아니라 여전히 누군가에 의해 복을 받고 용서를 받는 의존적 신앙을 의미합니다. 혹시 자신도 그런 모습은 아닙니까?

마지막으로 "부활과 영원한 심판"(히6:2)의 문제입니다. 하나님의 사람으로 어떻게 오늘을 살 것인가에 대한 문제보다 천국과 지옥, 종말적인 문제에 집착하는 현실도피적 신앙을 말합니다. 나에게 이 같은 경향은 없습니까?

이것들이 필요 없는 것은 아닙니다. 당연히 우리에게도 필요한 것입니다. 하지만 여전히 이 같은 문제에 묶여있거나 집착하는 것은 문제라고 말하는 것입니다. 이 같은 기초적인 것을 더 이상 고민할 필요가 없는 "성숙한 지경으로"(공동번역/히6:3) 나아갈 것을 요청한 것입니다.

> "그러므로 우리는 그리스도교의 초보적 교리를 넘어서서... 기초적인 교리를 다시 배우는 일은 없도록 합시다."(공동번역/히6:1,2)

* 묵상질문
믿음의 정체(停滯)는 위험합니다. 기초적인 교훈을 넘어 성숙한 지경으로 나아가야 합니다.

우리도 타락할 수 있으니까

* Lexio 읽기 / 히브리서 6:4-6

가능하면 오늘의 본문을 먼저 읽는 것이 좋지만 바로 아래 글을 읽어도 좋습니다. 충분히 본문을 이해하도록 배려하며 글을 썼습니다. 혹시 본문을 읽으신 분은 감동이 오는 말씀이나 단어 혹은 느낌을 간단히 적으시면 좋습니다.

> "그러므로 우리는 그리스도교의 초보적 교리를 넘어서서 성숙한
> 경지로 나아갑시다."(공동번역/히6:1)

그 당시 히브리서 수신 독자들 중 일부는 흔들리고 있었습니다. 당장 겪고 있는 환난과 앞으로 당하게 될 고난 앞에 그리스도 예수를 부인할 가능성이 보였습니다. 그래서 히브리서 기자가 성숙의 경지로 나아갈 것을 강조한 것입니다. 그렇다면 흔들리는 이들은 어떤 자들입니까?

> "한 번 빛을 받고 하늘의 은사를 맛보고 성령에 참여한 바 되고
> 하나님의 선한 말씀과 내세의 능력을 맛보고도 타락한 자들"
> (히6:4-6)

"한 번" 결정적인 구원의 확신을 경험하고 하늘로부터 오는 성령을 선물로 받아 그 은혜에 참여했을 뿐만 아니라 하나님 말씀의 심오함과 종말과 심판의 맛을 보고 알았으면서도 타락한 자들입니다.

사실 이 같은 경험을 한 자가 타락하여 배교하는 경우는 거의 없다고 봐야 합니다. 그런데도 히브리서 기자는 그것을 경계하였습니다. 장담할 수 없기 때문입니다. 실제로 이 같은 사람이 있습니다. 바로 가룟 유다입니다. 알다시피 그는 예수를 팔아 예수를 십자가에 못 박는 데 넘겨주었습니다.

이 편지를 쓰는 자들이 지금 그 같은 배교에 이른 것은 아닙니다. 그런데 어느 날 자신도 모르게 도무지 돌아설 수 없을 만큼 완악하여져서 믿음에서 떠날 수 있음을 경계한 것입니다. 그 경우 절대로 다시 회개할 수 없다고 히브리서 기자는 경고합니다.

> "타락한 자들은 다시 새롭게 하여 회개하게 할 수 없나니 이는 그들이 하나님의 아들을 다시 십자가에 못 박아 드러내 놓고 욕되게 함이라"(히6:6)

매우 끔찍한 일입니다. 그래서 히브리서 기자가 영적인 게으름을 주의시킨 것이고 초보적인 도에서 성숙의 경지로 나아가야 한다고 강조한 것입니다. 유다처럼 될 수 있기 때문입니다.

* 묵상질문

그 같은 사람은 이 글을 읽을 리 없겠지만 혹시라도 나는 그 같은 경계선에 있지는 않은지 돌아보십시오.

더 깊은 축복의 단계로 나아가는 법

* Lexio 읽기 / 히브리서 6:4-8
가능하면 오늘의 본문을 먼저 읽는 것이 좋지만 바로 아래 글을 읽어도 좋습니다. 충분히
본문을 이해하도록 배려하며 글을 썼습니다. 혹시 본문을 읽으신 분은 감동이 오는 말씀이
나 단어 혹은 느낌을 간단히 적으시면 좋습니다.

> "한 번 빛을 받고 하늘의 은사를 맛보고 성령에 참여한 바 되고
> 하나님의 선한 말씀과 내세의 능력을 맛보고도 타락한 자들은
> 다시 새롭게 하여 회개하게 할 수 없나니 이는 그들이 하나님의
> 아들을 다시 십자가에 못 박아 드러내 놓고 욕되게 함이라"
> (히6:4-6)

이런 일은 거의 불가능하다고 앞서 기술하였지만 그럼에도 히브리
서 기자가 말하는 이유는 무엇 때문입니까? 이에 대한 설명이 다음 구
절에서 이어집니다.

> "땅이 그 위에 자주 내리는 비를 흡수하여 밭 가는 자들이 쓰기에
> 합당한 채소를 내면 하나님께 복을 받고 만일 가시와 엉겅퀴를
> 내면 버림을 당하고 저주함에 가까워 그 마지막은 불사름이 되
> 리라"(히6:7-8)

재미있는 설명입니다. 히브리서 기자는 주님의 씨 뿌리는 자 비유를
기억하고 있는 듯합니다. 주님은 그 비유에서 열매를 맺는 문제의 핵

심을 땅의 문제로 설명하셨습니다. 똑같은 씨가 뿌려졌는데 '길 가, 돌밭, 가시떨기 그리고 좋은 땅'(마13:4-8)의 경우가 열매를 결정했다고 말씀하셨습니다. 히브리서 기자는 주님의 씨 뿌리는 이야기와 더불어 "자주 내리는 비"라는 개념으로 은혜의 공평성을 설명합니다.

하나님의 은혜와 복은 누구에게나 공평하게 충분히 주어집니다. 하지만 복의 연속성은 어떤 열매를 맺느냐에 달려 있습니다. 즉 "자주 내리는 비"를 받아 적절한 열매를 맺으면 그 땅이 더 풍요로워지는 것처럼 우리 역시 받은 축복에 합당한 열매를 맺으면 더 깊은 축복의 단계로 나아간다는 뜻입니다. 문제는 하나님의 복을 받았지만 그것으로 선한 열매를 맺지 않고 "가시와 엉겅퀴"를 내는 것입니다. 복의 통로로 살지 않고 다른 이들에게 가시가 되거나 불행을 주는 열매를 낸다면 그것은 하나님의 복을 저주로 바꾼 것이라고 히브리서 기자는 경고합니다.

우리의 문제이기도 합니다. 그동안 받은 하나님의 은혜와 축복을 자신 안에 가두는 것 말입니다. 유통하여 세상과 사람을 유익하게 하는 열매가 되어야 하는데 말입니다.

* **묵상질문**

내가 하나님의 은혜로 복을 받은 것을 알았다면 당연히 유통하는 삶을 살아야 하지 않겠습니까?

잊어버리지 않으시기에

* Lexio 읽기 / 히브리서 6:9-12

가능하면 오늘의 본문을 먼저 읽는 것이 좋지만 바로 아래 글을 읽어도 좋습니다. 충분히 본문을 이해하도록 배려하며 글을 썼습니다. 혹시 본문을 읽으신 분은 감동이 오는 말씀이나 단어 혹은 느낌을 간단히 적으시면 좋습니다.

"땅이 그 위에 자주 내리는 비를 흡수하여 밭 가는 자들이 쓰기에
합당한 채소를 내면 하나님께 복을 받고"(히6:7)

하나님이 주신 복을 자신만을 위해 쓰지 않고 다른 이들을 유익하게 하는 열매로 내면 하나님의 복을 받는다는 말은 다음 단계의 더 깊은 축복을 의미합니다. 이것을 히브리서 기자는 "이보다 나은 것"이라고 말합니다.

"사랑하는 자들아 우리가 이같이 말하나 너희에게는 이보다 나은
것과 구원에 가까운 것을 확신하노라"(개역한글/히6:9)

개역한글성경이 번역한 "(더) 나은 것"은 분명 구원에 속한 것이지만 무엇인지는 알 수 없습니다. 하지만 분명한 것은 각자에게 다른 "더 나은 것"들의 축복을 하나님께서 허락하신다는 사실입니다. 히브리서 기자는 그 이유를 하나님이 모든 것을 잊어버리지 않으시기 때문임을 강조합니다. 하나님의 축복으로 인해 생긴 열매로 드러낸 "사랑"과 "행위"인데도 말입니다.

"하나님은 불의하지 아니하사 너희 행위와 그의 이름을 위하여
나타낸 사랑으로 이미 성도를 섬긴 것과 이제도 섬기고 있는 것
을 잊어버리지 아니하시느니라"(히6:10)

사실 하나님이 주신 축복은 우리에게 과분하고 충분합니다. 그러므
로 복을 받은 우리가 주를 위해 일하는 것은 당연한 일입니다. 그런데
하나님은 그렇게 생각하지 않으십니다. 심지어 하나님은 우리의 선행
을 우리에게 빚진 것으로 이해하십니다. 놀랍습니다.

"가난한 자를 불쌍히 여기는 것은 여호와께 꾸어 드리는 것이니
그의 선행을 그에게 갚아 주시리라"(잠19:17)

"네가 그렇게도 갸륵하게 행하였는데, 어찌 야훼께서 갚아주시지
않겠느냐?"(공동번역/룻2:12)

이제 남은 것은 계속해서 지금의 선한 열매를 맺는 삶을 계속 사는
것입니다. "끝까지" 말입니다.

"우리가 간절히 원하는 것은 너희 각 사람이 동일한 부지런함을
나타내어 끝까지 소망의 풍성함에 이르러"(히6:11)

* 묵상질문

끝까지 걸어가는 동안 하나님은 계속해서 "더 나은 것"으로 축복하시고 더해 주실 것입니
다. 이 놀라운 기대로 사는 것 얼마나 놀라운 은혜입니까?

- -

- -

복 받는 사람들의 대열 속으로

* Lexio 읽기 / 히브리서 6:13-20
가능하면 오늘의 본문을 먼저 읽는 것이 좋지만 바로 아래 글을 읽어도 좋습니다. 충분히
본문을 이해하도록 배려하며 글을 썼습니다. 혹시 본문을 읽으신 분은 감동이 오는 말씀이
나 단어 혹은 느낌을 간단히 적으시면 좋습니다.

> "우리는 여러분 각 사람이 희망을 성취하기까지 끝내 같은 열성
> 을 보여주기를 바랍니다. 게으른 자가 되지 말고 믿음과 인내로
> 써 하나님께서 약속해 주신 것을 상속받는 사람들을 본받으십시
> 오."(공동번역/히6:11-12)

"더 나은 것", '각 사람이 이룰 희망'이 무엇인지는 각 사람만이 알겠
지만 하나님께서 반드시 이루실 것을 강조하면서 히브리서 기자는 그
분명한 예로 아브라함을 사건을 꺼냅니다. 아브라함이 이삭을 얻은 사
건은 히브리서 기자가 말하듯이 '오래 참아 하나님이 약속하신 것을
받은'(히6:15) 것입니다.

아브라함의 아름다움은 끝까지 희망을 좇아간 것에 있는데, 그 핵심
은 하나님의 약속을 믿은 것입니다. 많은 실수와 판단 착오가 있었지
만 포기하지 않은 것입니다.

그러나 이 사건의 진정한 위대함은 하나님의 행위에 있습니다. 무엇
보다 하나님이 스스로 맹세함으로 이 약속을 지키셨기 때문입니다. 보

통 맹세는 아랫사람이 하는 것인데 하나님은 그 약속의 신실함을 드러내기 위하여 스스로 맹세하신 것입니다. 이렇게 하심은 어리석고 약한 아브라함을 향한 완벽한 배려(히6:18)였습니다.

> "사람들은 자기보다 더 큰 자를 가리켜 맹세하나니 맹세는 그들
> 이 다투는 모든 일의 최후 확정이니라 하나님은 약속을 기업으
> 로 받는 자들에게 그 뜻이 변하지 아니함을 충분히 나타내시려
> 고 그 일을 맹세로 보증하셨나니"(히6:16-17)

더욱이 하나님은 "거짓말을 하실 수 없는"(히6:18) 분이시기에 확실한 것입니다. 히브리서 기자는 하나님의 맹세를 좇아 희망을 놓치지 말고 끝까지 가자고 권면합니다. 또 "믿음과 인내로써 하나님께서 약속해 주신 것을 상속받는 사람들을 본받으"(공동번역/히6:12)라고 말하지만 사실은 그 주체가 우리여야 한다고 말합니다. 바로 우리가 아브라함처럼 되어 약속하신 복을 받는 사람들의 대열에 참여하자고 말입니다.

---

* 묵상질문

거짓말을 하실 수 없는 하나님의 약속은 변하지 않습니다. 그러므로 우리 역시 "더 나은 것"을 소망하며 나아가는 것은 중요합니다. 그 복을 누리므로 우리 역시 다른 이들의 본이 될 수 있기 때문입니다. 복의 유통자로 사는 삶 말입니다. 설렘으로 나아가길 기도합니다.

제 4 부

하나님의 정교한 계획

하나님의 정교한 계획

* Lexio 읽기 / 히브리서 7:1-10
가능하면 오늘의 본문을 먼저 읽는 것이 좋지만 바로 아래 글을 읽어도 좋습니다. 충분히
본문을 이해하도록 배려하며 글을 썼습니다. 혹시 본문을 읽으신 분은 감동이 오는 말씀이
나 단어 혹은 느낌을 간단히 적으시면 좋습니다.

> "멜기세덱에 관하여는 우리가 할 말이 많으나 너희가 듣는 것이
> 둔하므로 설명하기 어려우니라"(히5:11)

멜기세덱의 반차를 좇는 대제사장 예수를 설명하다가 히브리서 기
자가 멈춘 것은 독자들이 이 설명을 이해할 수 있을까 의심했기 때문
입니다. 그래서 히브리서 기자는 중간에 초보의 도를 벗어나고 성숙으
로 나아가야 하는 이유를 설명한 것입니다(히5:11-6:20). 그리고 다시
멜기세덱 이야기로 돌아옵니다. 매우 직선적이고 돌발적으로 멜기세
덱에 대하여 말을 꺼냅니다.

> "이 멜기세덱은 살렘 왕이요 지극히 높으신 하나님의 제사장이라
> 여러 왕을 쳐서 죽이고 돌아오는 아브라함을 만나 복을 빈 자라"
> (히7:1)

히브리서 기자는 역사적인 사건을 중심으로 논리적인 설명을 하는
데, 유대인의 조상인 아브라함을 언급합니다. 앞에서도 이야기했지만,
유대인이라면 누구나 아는 창세기 기사(창14:17-20)였습니다. 아브라

함이 멜기세덱에게 자신이 얻은 전리품의 십일조를 드렸다는(창14:20) 내용입니다. 아브라함이 멜기세덱에게 십일조를 바쳤다는 것은 아브라함 자손 레위보다 멜기세덱이 앞선 제사장임을 말하는 것이었습니다. 더욱이 멜기세덱이 아브라함에게 복을 비는 장면은 상상을 초월하는 것이었습니다.

> "그는 지극히 높으신 하나님의 제사장이었더라 그가 아브람에게
> 축복하여 이르되 천지의 주재이시요 지극히 높으신 하나님이여
> 아브람에게 복을 주옵소서"(창14:18-19)

그뿐만 아니라 레위는 아직 태어나지도 않은 상태였으며, 아브라함 "자기 조상의 허리"(히7:10)에 있었습니다. 그러므로 멜기세덱 반차를 따른다는 것은 예수의 대제사장 됨의 우선함과 우월함을 입증하는 것이었습니다. 더욱이 멜기세덱은 매우 신비로운 존재였습니다. 그 같은 모습 때문에 어떤 학자들은 예수의 현현이라고 주장하기도 합니다.

> "아버지도 없고 어머니도 없고 족보도 없고 시작한 날도 없고 생
> 명의 끝도 없어 하나님의 아들과 닮아서 항상 제사장으로 있느
> 니라"(히7:3)

* 묵상질문
이 같은 기록을 통해 하나님의 정교한 계획이 얼마나 오묘한지 알 수 있습니다. 놀라운 하나님의 일하심입니다.

\- -

\- -

율법의 완성

* Lexio 읽기 / 히브리서 7:11-12, 갈라디아서 3:21-25

가능하면 오늘의 본문을 먼저 읽는 것이 좋지만 바로 아래 글을 읽어도 좋습니다. 충분히 본문을 이해하도록 배려하며 글을 썼습니다. 혹시 본문을 읽으신 분은 감동이 오는 말씀이나 단어 혹은 느낌을 간단히 적으시면 좋습니다.

> "여호와는 맹세하고 변치 아니하시리라 이르시기를 너는 멜기세
> 덱의 반차를 좇아 영원한 제사장이라 하셨도다"(시110:4)

제사장의 직분은 오로지 레위 지파만 가능했지만 예수님은 멜기세덱의 계통을 좇은 대제사장이었습니다. 이는 하나님이 세우신 원칙이 깨지는 것을 의미했습니다. 히브리서 기자는 그 이유를 레위 계통의 제사장직이 온전하지 않았기 때문이라고 말합니다.

> "레위 계통의 제사 직분으로 말미암아 온전함을 얻을 수 있었으
> 면(백성이 그 아래에서 율법을 받았으니)어찌하여 아론의 반차
> 를 따르지 않고 멜기세덱의 반차를 따르는 다른 한 제사장을 세
> 울 필요가 있느냐"(히7:11)

실제로 구약의 제사는 온전하지 않았습니다. 하나님 앞에 나아갈 수 있는 자는 대제사장 한 사람이었고, 그것도 일 년에 단 한 번이었습니다. 한계가 있는 제사였고 완전한 것이 아니었습니다. 그러므로 멜기세덱 반차를 좇는 제사장을 세우시는 것은 레위 계통의 제사장직을 보

완하는 것이 아니라 완전히 새롭게 하는 것이었습니다.

그런데 이것은 보통 문제가 아닙니다. 제사장이 레위 계통에서 멜기세덱 계통으로 바뀌는 순간, 율법에도 문제가 생기기 때문입니다. 제사장직과 율법은 매우 밀접하게 연결되어 있습니다. 히브리서 기자는 그것을 지적합니다.

"제사 직분이 바꾸어졌은즉 율법도 반드시 바꾸어지리니"(히7:12)

예수 그리스도께서 대제사장의 대속 역사를 다 이루고 우리가 믿으므로 의롭다 함을 얻는 순간, 율법은 그 역할을 다하는 것입니다. 그동안 율법은 "우리를 그리스도께로 인도하는 초등교사"(갈3:24) 역할을 한 것이며 주님은 그것을 완성시키신 것이기 때문입니다.

"내가 율법이나 선지자를 폐하러 온 줄로 생각하지 말라 폐하러 온 것이 아니요 완전하게 하려 함이라"(마5:17)

* 묵상질문

우리는 예수를 믿으므로 율법의 무거움에서 벗어나 온전함을 얻었습니다. 율법의 멍에에서 벗어나 자유하셔도 됩니다.

참 아름다운 설득

* Lexio 읽기 / 히브리서 7:13-19
가능하면 오늘의 본문을 먼저 읽는 것이 좋지만 바로 아래 글을 읽어도 좋습니다. 충분히
본문을 이해하도록 배려하며 글을 썼습니다. 혹시 본문을 읽으신 분은 감동이 오는 말씀이
나 단어 혹은 느낌을 간단히 적으시면 좋습니다.

> "레위 계통의 제사 직분으로 말미암아 온전함을 얻을 수 있었으
> 면 (백성이 그 아래에서 율법을 받았으니) 어찌하여 아론의 반차
> 를 따르지 않고 멜기세덱의 반차를 따르는 다른 한 제사장을 세
> 울 필요가 있느냐"(히7:11)

히브리서 기자는 예수 그리스도가 레위 지파가 아닌 유다 지파에 속
했다는 사실에 주목합니다. 그것은 레위 계통의 제사장직이 영원한 것
이 아니라 임시적이라는 뜻이었습니다.

레위 계통이 아닌 주님의 대제사장직은 이 세상적인 것이 전혀 아님
을 뜻했습니다. 사실 이 세상에서 하나님이 레위 지파가 아닌 다른 계
통에게 제사장직을 맡긴다면 그것은 하나님의 불완전성을 드러내는
것이 될 수 있습니다. 그래서 히브리서 기자는 계속해서 전혀 다른 개
념의 대제사장직을 말하는 것입니다. 주님의 대제사장직은 육신에 속
한 계명을 따른 것이 아니라 영원한 생명의 능력과 관계있다고 히브리
서 기자는 확증합니다.

"그는 육신에 속한 한 계명의 법을 따르지 아니하고 오직 불멸의
생명의 능력을 따라 되었으니"(히7:16)

온전하지 못한 레위 계통이 아니라 멜기세덱의 반차를 좇아 예수 그
리스도께서 대제사장직을 맡으셨다는 것은 그동안 기반이 되던 율법
의 폐기를 의미하는 것이었습니다. 율법은 일시적인 것이었고 아무것
도 완전하게 하지 못하는 것임이 드러났기 때문입니다.

"전에 있던 계명은 연약하고 무익하므로 폐하고 (율법은 아무 것
도 온전하게 못할지라)"(히7:18-19a)

그리스도 예수가 대제사장으로서 완전한 제사를 드린 까닭에 율법
과 레위 계통의 제사장 사역은 그 사명을 다했습니다. 그래서 히브리
서 기자는 일 년에 단 한 번 대제사장만 지성소로 나아갔던 것과 달리
언제든지 대제사장 그리스도를 통하여 하나님께 나아갈 수 있는 "더
좋은 소망"(히7:19)을 강조한 것입니다.

"이에 더 좋은 소망이 생기니 이것으로 우리가 하나님께 가까이
가느니라"(히7:19)

* **묵상질문**
유대교에서 개종했던 이들이 다시 유대교로 돌아가는 것을 히브리서 기자가 안타까워하며
설명한 것입니다. 참 아름다운 설득입니다.

- -

- -

온전한 구원과 항상 간구

* Lexio 읽기 / 히브리서 7:20-25
가능하면 오늘의 본문을 먼저 읽는 것이 좋지만 바로 아래 글을 읽어도 좋습니다. 충분히
본문을 이해하도록 배려하며 글을 썼습니다. 혹시 본문을 읽으신 분은 감동이 오는 말씀이
나 단어 혹은 느낌을 간단히 적으시면 좋습니다.

> "이에 더 좋은 소망이 생기니 이것으로 우리가 하나님께 가까이
> 가느니라"(히7:19)

레위 계통의 제사장직은 하나님께서 세우셨습니다. 자발적으로 된
것이 아니라 율법에 따라 이뤄진 것입니다. 하지만 주님은 맹세하시고
제사장이 되셨습니다. 스스로 보증이 되시고 영원한 대제사장이 되셨
습니다. 그런 까닭에 더 좋은 소망인 것입니다. 주님의 대제사장 됨의
영원성으로 인해 언제든지 우리는 하나님께 나아갈 수 있습니다.

> "그들은 맹세 없이 제사장이 되었으되 오직 예수는 자기에게 말
> 씀하신 이로 말미암아 맹세로 되신 것이라 주께서 맹세하시고
> 뉘우치지 아니하시리니 네가 영원히 제사장이라 하셨도다"
> (히7:21)

레위 계통 제사장직의 유한성은 그들의 수효가 많은 것과 죽음에 이
른다는 사실로 증명할 수 있었습니다. 실제로 요세푸스의 유대고대사
기록에 의하면 "최초의 대제사장 아론으로부터 주후 70년의 두 번째

성전의 파괴에 이르는 기간에 83명의 대제사장이 이스라엘을 섬겼다"
라고 추정합니다(그랜트 오스본, 『히브리서』, 성서유니온선교회, 181
쪽). 예수와 근본적으로 다른 부분입니다.

> "제사장 된 그들의 수효가 많은 것은 죽음으로 말미암아 항상 있
> 지 못함이로되 예수는 영원히 계시므로 그 제사장 직분도 갈리
> 지 아니하느니라"(히7:23-24)

예수를 힘입은 자들은 언제든지 하나님께 나아갈 수 있습니다. 그때
대제사장 예수께서 자기를 힘입어 나오는 자들을 "온전히" 구원하실
수 있습니다.

> "그러므로 자기를 힘입어 하나님께 나아가는 자들을 온전히 구원
> 하실 수 있으니"(히7:25a)

그렇게 하실 수 있는 이유는 한시도 쉬지 않고 "항상" 우리를 위하여
간구하시기 때문입니다. 바울도 알았던 바로 그 사실입니다.

> "그는 하나님 우편에 계신 자요 우리를 위하여 간구하시는 자시
> 니라"(롬8:34)

> "이는 그가 항상 살아 계셔서 그들을 위하여 간구하심이라"
> (히7:25b)

* 묵상질문
지금도 우리를 위해서 항상 간구하십니다.

예수의 완전한 제사장 되심

* Lexio 읽기 / 히브리서 7:26-28
가능하면 오늘의 본문을 먼저 읽는 것이 좋지만 바로 아래 글을 읽어도 좋습니다. 충분히 본문을 이해하도록 배려하며 글을 썼습니다. 혹시 본문을 읽으신 분은 감동이 오는 말씀이나 단어 혹은 느낌을 간단히 적으시면 좋습니다.

"그러므로 자기를 힘입어 하나님께 나아가는 자들을 온전히 구원
하실 수 있으니 이는 그가 항상 살아 계셔서 그들을 위하여 간구
하심이라"(히7:25)

7장 11절부터 시작된 예수 그리스도의 완전한 제사장 되심에 대한 설명을 26-28절에 축약해서 정리하는데 그 첫 구절은 이렇습니다.

"이러한 대제사장은 우리에게 합당하니 거룩하고 악이 없고 더러
움이 없고 죄인에게서 떠나 계시고 하늘보다 높이 되신 이라"
(히7:26)

'거룩하다. 더러움이 없다. 죄인에게서 떠나 계시다.' 완전한 거룩을 의미하는 표현들입니다. 그것을 히브리서 기자는 "하늘보다 높이 되신 이"라고 은유적으로 기술합니다.

그리고 27절에서 대제사장은 이와 같이 완전한 거룩하기에, 자기 죄를 위해 먼저 제사를 지낸 후 백성의 죄를 위해 제사를 드리는 대제사

장과 근본적인 차이가 있음을 말합니다. 그 기막힌 차이를 표현하기 위해 중요한 두 단어를 사용하는데 하나는 "날마다"(카타 헤메라)이고 다른 하나는 "단번에"(하팍스)입니다.

> "그는 저 대제사장들이 먼저 자기 죄를 위하고 다음에 백성의 죄
> 를 위하여 날마다 제사 드리는 것과 같이 할 필요가 없으니 이는
> 그가 단번에 자기를 드려 이루셨음이라"(히7:27)

"날마다" 제사를 드렸다는 말은 그 제사에 한계가 있음을 뜻하며, "단번에"라는 말은 반복이 필요 없는 영원성을 갖는다는 뜻입니다. 땅의 제사장들이 날마다 드릴 수밖에 없는 이유는 아무리 제사장이라 해도 "연약한 인간"(공동번역/히7:28)이기 때문입니다. 그것이 "영원히 온전하게 되신 아들"(히7:28)이신 대제사장 예수와의 분명한 차이입니다.

> "율법은 약점을 가진 사람들을 제사장으로 세웠거니와 율법 후에
> 하신 맹세의 말씀은 영원히 온전하게 되신 아들을 세우셨느니
> 라"(히7:28)

* 묵상질문
주님은 완전한 대제사장이 되십니다. 그분의 대속이 완전하다는 뜻입니다. 꼭 기억하십시오.

이러한 대제사장이 우리에게 있다

* Lexio 읽기 / 히브리서 8:1–6
가능하면 오늘의 본문을 먼저 읽는 것이 좋지만 바로 아래 글을 읽어도 좋습니다. 충분히 본문을 이해하도록 배려하며 글을 썼습니다. 혹시 본문을 읽으신 분은 감동이 오는 말씀이나 단어 혹은 느낌을 간단히 적으시면 좋습니다.

> "지금 우리가 하는 말의 요점은 이러한 대제사장이 우리에게 있다는 것이라 그는 하늘에서 지극히 크신 이의 보좌 우편에 앉으셨으니"(히8:1)

히브리서 기자는 그동안 기록한 모든 내용을 한 마디로 정리했는데 바로 "이러한 대제사장이 우리에게 있다"라는 표현입니다. 그리고 우리에게 익숙한 표현인 "지극히 크신 이의 보좌 우편에 앉으셨으니"라는 말로 주님의 위치를 설명합니다.

구약의 대제사장은 지성소와 장막에서 사역을 하였습니다. 하지만 땅에 있는 지성소와 장막은 하늘에 있는 것의 "모조품과 그림자"(공동번역/히8:5)에 불과했습니다. 모세가 하나님이 지시하신 대로 지은 "본"(the pattern)이었습니다.

> "그들이 섬기는 것은 하늘에 있는 것의 모형과 그림자라... 이르시되 삼가 모든 것을 산에서 네게 보이던 본을 따라 지으라 하셨느니라"(히8:5)

하지만 하늘에 오르신 주님은 모조품이 아닌 하나님 나라의 실제에 계십니다. 주님이 섬기시는 "성소와 참 장막"(히8:2)은 직접 하나님을 대면하는 하나님 보좌 우편을 말하고 있음을 짐작할 수 있습니다.

재미있는 것은 히브리서 기자는 대제사장마다 드리는 제물이 있어야 하지 않겠냐는 언급을 하지만 구체적으로 말하지는 않았습니다. 대제사장인 예수 자신이 영원한 제물이기 때문입니다.

> "대제사장마다 예물과 제사 드림을 위하여 세운 자니 그러므로
> 그도 무엇인가 드릴 것이 있어야 할지니라"(히8:3)

예수는 그 자신이 제물이 되어 이룬 대속 제사의 결과로 언제나 하나님 우편 곧 지성소에서 직접 우리를 위해 간구하시고 계십니다. 그로 인해 우리가 언제나 담대히 하나님 앞에 나아갈 수 있는 것입니다.

> "그러므로 자기를 힘입어 하나님께 나아가는 자들을 온전히 구원
> 하실 수 있으니 이는 그가 항상 살아 계셔서 그들을 위하여 간구
> 하심이라"(히7:25)

이 엄청난 사실 때문에 히브리서 기자는 "이러한 대제사장이 우리에게 있다"라고 선언한 것입니다.

＊ 묵상질문
'우리에게는 우리를 위한 대제사장이 계시다.' 아멘.

- -

- -

옛 언약을 폐기한 이유

* Lexio 읽기 / 히브리서 8:7-9
가능하면 오늘의 본문을 먼저 읽는 것이 좋지만 바로 아래 글을 읽어도 좋습니다. 충분히 본문을 이해하도록 배려하며 글을 썼습니다. 혹시 본문을 읽으신 분은 감동이 오는 말씀이나 단어 혹은 느낌을 간단히 적으시면 좋습니다.

"그러나 이제 그는 더 아름다운 직분을 얻으셨으니 그는 더 좋은
약속으로 세우신 더 좋은 언약의 중보자시라"(히8:6)

예수께서 "더 좋은 언약의 중보자"라는 말에서 알 수 있듯이 하나님께서 아무 이유 없이 첫 언약을 바꾸신 것이 아닙니다.

"저 첫 언약이 무흠하였더라면 둘째 것을 요구할 일이 없었으려
니와"(히8:7)

흠이 있었습니다. 첫 언약에 흠이 있다는 것이 아니라 "그들의 잘못"(히8:8)이란 표현에서 알 수 있듯이 이스라엘이 잘못한 것이 흠이 되었습니다. 그들 스스로 첫 언약을 무효하게 만든 것입니다. 그런 까닭에 새 언약이 필요했습니다. 여기서 히브리서 기자는 예레미야의 예언을 인용하는데, 그때 이미 하나님은 새 언약을 계획하고 계셨습니다.

"그들의 잘못을 지적하여 말씀하시되 주께서 이르시되 볼지어다
날이 이르리니 내가 이스라엘 집과 유다 집과 더불어 새 언약을

맺으리라"(히8:8)

　하나님이 맺으실 새 언약은 첫 언약, 곧 옛 언약과 같은 것이 아니었습니다. 옛 언약의 갱신이 아니라 아예 다른 방법의 언약을 계획하고 계셨습니다. 옛 언약은 행위에 초점이 맞춰져 있었습니다. 이스라엘은 그 언약대로 행동해야 했습니다. 하지만 그러지 않았습니다. 그 같은 이스라엘을 보면서 하나님은 돌보시지 않으셨는데, 이스라엘의 무책임한 삶에 대한 하나님의 행동이었습니다.

> "이 언약은 내가 그들의 열조의 손을 잡고 애굽 땅에서 인도하여
> 내던 날에 그들과 맺은 언약과 같지 아니하도다 그들은 내 언약
> 안에 머물러 있지 아니하므로 내가 그들을 돌보지 아니하였노
> 라"(히8:9)

　그래서 하나님이 첫 언약을 폐기하고 새 언약을 계획하신 것입니다. 그들이 옛 언약을 지키고 사는 것이 도무지 불가능하다고 여기신 것입니다. 그렇기에 새 언약은 하나님이 계획한 은혜였습니다.

* 묵상질문
옛 언약을 폐기한 것은 오로지 우리를 살리기 위한 하나님의 배려였음을 잊어서는 안 됩니다.

새 언약 계획

* Lexio 읽기 / 히브리서 8:10-13
가능하면 오늘의 본문을 먼저 읽는 것이 좋지만 바로 아래 글을 읽어도 좋습니다. 충분히
본문을 이해하도록 배려하며 글을 썼습니다. 혹시 본문을 읽으신 분은 감동이 오는 말씀이
나 단어 혹은 느낌을 간단히 적으시면 좋습니다.

> "이 언약은 내가 그들의 열조의 손을 잡고 애굽 땅에서 인도하여
> 내던 날에 그들과 맺은 언약과 같지 아니하도다 그들은 내 언약
> 안에 머물러 있지 아니하므로 내가 그들을 돌보지 아니하였노
> 라"(히8:9)

하나님이 새 언약을 계획하신 이유입니다. 그런데 하나님이 계획하
신 새 언약은 돌판에 새기는 법이 아니었습니다. 아예 마음에 새기는
것이었습니다.

> "그 날 후에 내가 이스라엘 집과 맺을 언약은 이것이니 내 법을
> 그들의 생각에 두고 그들의 마음에 이것을 기록하리라 나는 그
> 들에게 하나님이 되고 그들은 내게 백성이 되리라"(히8:10)

누군가가 율법을 가르쳐야만 되는 것이 아니라 하나님이 마음에 직
접 가르치시는 길을 택하신 것입니다. 마음이 없더라도 행하는 언약에
서 마음의 변화를 통한 언약의 실천으로 이끄신 것입니다. 그 정점이
그리스도 예수의 대속적 죽음과 그 죽음으로 인해 새겨진 새 언약입니

다.

> "이 잔은 내 피로 세우는 새 언약이니 곧 너희를 위하여 붓는 것
> 이라"(눅22:20)

그러므로 새 언약에 참여하기 위해 필요한 것은 믿음입니다. 행위를
요구하는 율법이 아니라 마음으로 믿어 의에 이르기 때문입니다.

> "아브라함이나 그 후손에게 세상의 상속자가 되리라고 하신 언약
> 은 율법으로 말미암은 것이 아니요 오직 믿음의 의로 말미암은
> 것이니라"(롬4:13)

더 놀라운 것은 그 믿음도 하나님이 보내신 성령의 역사에 기인한다
는 사실입니다.

> "또 성령으로 아니하고는 누구든지 예수를 주시라 할 수 없느니
> 라"(고전12:3)

하나님이 무조건 우리의 죄를 기억하지 않으시고 용서하기 위하여
역사하신 것입니다. 이것이 그리스도 예수의 구속을 통해 이루어진 새
언약 계획입니다.

* 묵상질문
우리는 새 언약 아래 있습니다. 우리가 온전한 믿음에 이르기를 추구해야 하는 이유입니다.

- -

- -

하늘 성소의 상징

* Lexio 읽기 / 히브리서 9:1-10

가능하면 오늘의 본문을 먼저 읽는 것이 좋지만 바로 아래 글을 읽어도 좋습니다. 충분히
본문을 이해하도록 배려하며 글을 썼습니다. 혹시 본문을 읽으신 분은 감동이 오는 말씀이
나 단어 혹은 느낌을 간단히 적으시면 좋습니다.

> "새 언약이라 말씀하셨으매 첫 것은 낡아지게 하신 것이니 낡아
> 지고 쇠하는 것은 없어져 가는 것이니라"(히8:13)

히브리서 기자는 9장에서 첫 것, 곧 사라질 첫 언약과 그에 따른 제
사에 대해 자세히 설명합니다. 기자는 첫 장막과 둘째 장막이란 표현
을 쓰는데 쉽게 설명하면 이렇습니다. 성막의 구조는, 성막 안으로 들
어가 뜰을 지나 첫 번째 휘장을 열면 성소가 있습니다. 그리고 두 번째
휘장 뒤편에 있는 것이 지성소입니다.

> "예비한 첫 장막이 있고 그 안에 등잔대와 상과 진설병이 있으니
> 이는 성소라 일컫고 또 둘째 휘장 뒤에 있는 장막을 지성소라 일
> 컫나니"(히9:2-3)

성소에는 "등잔대와 상과 진설병"이 있고 둘째 휘장을 지나 지성
소로 들어가면 금향로와 언약궤가 있었는데, 언약궤 안에는 "만나
를 담은 금 항아리와 아론의 싹난 지팡이와 언약의 돌판들"(히9:4)
이 들어 있었습니다. 그리고 그 언약궤를 덮는 뚜껑이 바로 "속죄소"

(the atonement cover)였습니다. 속죄소 위에는 "영광의 그룹들"(the cherubim), 곧 "영광의 천사들"(현대인의성경)이 날개로 속죄소를 덮고 있었습니다.

대제사장은 일 년에 한 번 지성소에 들어갈 수 있었는데 반드시 "자기와 백성의 허물을 위하여 드리는 피"(히9:7)를 가지고 들어가야 했습니다. 그곳에서 대제사장은 수송아지의 피를 속죄소에 뿌려 자신과 자기 집안을 정결하게 하였고(레16:11,14) 그 이후 염소의 피를 뿌려 백성들의 죄를 속죄하는 의식을 행하였습니다(레16:15). 이 제사의 핵심은 반드시 피가 필요하다는 것입니다.

이 같은 대속죄일 제사는 일 년에 단 한 번만 할 수 있었기에 매해 반복해야 했습니다. 그런데 큰 대제사장 예수께서 피를 흘리심으로 드린 단 한 번의 완전한 제사로 대속을 완성시키신 것입니다. 아무리 거룩해도 세상에서의 제사와 성소는 하늘 성소의 "모조품과 그림자"(공동번역/히8:5)로 상징(파라볼레/비유)에 불과합니다.

> "이 장막은 현재까지의 비유니 이에 따라 드리는 예물과 제사는
> 섬기는 자를 그 양심상 온전하게 할 수 없나니"(히9:9)

* 묵상질문

그리스도께서 우리를 대신하여 피를 흘리심으로 단 한 번의 완전한 제사를 드리셨고 우리가 구속함을 입었습니다.

_____

_____

그리스도 피의 능력

* Lexio 읽기 / 히브리서 9:11-14

가능하면 오늘의 본문을 먼저 읽는 것이 좋지만 바로 아래 글을 읽어도 좋습니다. 충분히 본문을 이해하도록 배려하며 글을 썼습니다. 혹시 본문을 읽으신 분은 감동이 오는 말씀이나 단어 혹은 느낌을 간단히 적으시면 좋습니다.

히브리서 기자는 9장 1-10절에서 땅의 성소와 그곳에서 벌어진 제사에 대해 설명했습니다. 이어 하늘 성소에서 벌어진 장면을 기술합니다. 하늘 성소는 "사람의 손으로 짓지 아니한"(히9:11) 것으로 "창조된 이 세상에 속하여 있는 것이 아니라"(공동번역/히9:11)고 말합니다.

그리고 대제사장 그리스도 예수의 대속적 제사는 "염소와 송아지의 피"로 한 것이 아니라 "자기의 피"로 이루신 "영원한 속죄"였음을 강조합니다.

> "염소와 송아지의 피로 하지 아니하고 오직 자기의 피로 영원한
> 속죄를 이루사 단번에 성소에 들어가셨느니라"(히9:12)

"자기의 피로" 영원한 속죄를 이루신 것은 땅에서 벌어진 어떤 종류의 대속 제사와도 비교할 수 없는 완전한 것이었습니다. 이 땅에서의 제사가 의미 없다는 뜻은 아닙니다. 분명히 그것은 "육체를 정결하게 하여 거룩하게"(히9:13) 하는 효과가 있었습니다. 하지만 표현 그대로 육체에 국한되었습니다. 의식적인 부정함을 제거하는 것에 지나지 않

았습니다. 하지만 그리스도의 피로 드려진 속죄는 전혀 다른 것이었습니다.

"하나님께 드린 그리스도의 피"(히9:14)로 이룬 대속은 '양심을 깨끗하게 하는 것과 죽음의 행실을 버리게 하는 것'(하정완의역/히9:14)이 일어나게 했습니다. 양심의 정결은 더 놀라운 단계로 나아갈 수 있게 하는데 바로 온전한 예배의 실현입니다. 하나님은 언제나 "전심으로"(시86:12; 119:2) 자신을 구하는 자들을 원하시기 때문입니다. 하나님은 예레미야를 통하여 그 같은 뜻을 말씀하셨었습니다.

> "내가 여호와인 줄 아는 마음을 그들에게 주어서 그들이 전심으로 내게 돌아오게 하리니 그들은 내 백성이 되겠고 나는 그들의 하나님이 되리라"(렘24:7)

주님께서 자기의 피로 우리를 깨끗하게 하심으로 우리의 "양심을 죽은 행실에서 깨끗하게 하고 살아 계신 하나님을 섬기게"(히9:14) 하신 것입니다. 온전히 예배할 수 있게 된 것입니다. 그리스도 피의 능력이었습니다.

* 묵상질문

그리스도의 피로 정결하게 된 것은 육체를 포함하여 양심까지입니다. 그러므로 계속하여 정결을 유지해야 합니다.

오직 예수의 피로

* Lexio 읽기 / 히브리서 9:15-22
가능하면 오늘의 본문을 먼저 읽는 것이 좋지만 바로 아래 글을 읽어도 좋습니다. 충분히 본문을 이해하도록 배려하며 글을 썼습니다. 혹시 본문을 읽으신 분은 감동이 오는 말씀이나 단어 혹은 느낌을 간단히 적으시면 좋습니다.

- -

- -

> "하물며 영원하신 성령으로 말미암아 흠 없는 자기를 하나님께
> 드린 그리스도의 피가 어찌 너희 양심을 죽은 행실에서 깨끗하
> 게 하고 살아 계신 하나님을 섬기게 하지 못하겠느냐"(히9:14)

구약의 제사 곧 옛 언약, 첫 언약도 중요합니다. 그 제사는 대속 제사인 까닭에 죄 때문에 대신 죽는 것이 필요했습니다. 그래서 송아지와 염소의 피의 절반은 제단의 모든 것에, 나머지 절반은 "그 두루마리와 온 백성에게"(히9:19) 뿌렸습니다. '첫 언약도 피로 세워진'(히9:18) 것이었습니다.

> "율법을 따라 거의 모든 물건이 피로써 정결하게 되나니 피흘림
> 이 없은즉 사함이 없느니라"(히9:22)

그만큼 죄가 중하고 쉽게 해결될 수 없다는 것을 의미합니다. 죄의 깊이 때문입니다. 그래서 하나님은 온 백성에게 행하는 피 뿌림 의식을 통해 죄의 심각성과 희생으로 인한 속죄를 경험하게 하였습니다.

"모세가 율법대로 모든 계명을 온 백성에게 말한 후에 송아지와 염소의 피 및 물과 붉은 양털과 우슬초를 취하여 그 두루마리와 온 백성에게 뿌리며 이르되 이는 하나님이 너희에게 명하신 언약의 피라 하고"(히9:19–20)

그러나 피 뿌림으로 자신의 죄를 심각하게 느끼게 하였을지라도 양심의 영역까지 속죄되는 것은 아니었습니다. 이 같은 한계는 그 제사가 다른 짐승의 피로 드려졌기 때문입니다. 하지만 대제사장 예수의 제사는 "오직 자기의 피로"(히9:12) 드려진 영원한 대속 제사입니다. 예수는 하나님의 아들이면서 동시에 "형제"(히2:11) 된 우리를 위해 자신을 내어주셨습니다. 충분히 우리를 대신할 수 있다는 뜻입니다. 그래서 히브리서 기자는 "새 언약의 중보자"라고 합니다.

"이로 말미암아 그는 새 언약의 중보자시니 이는 첫 언약 때에 범한 죄에서 속량하려고 죽으사 부르심을 입은 자로 하여금 영원한 기업의 약속을 얻게 하려 하심이라"(히9:15)

* 묵상질문
오직 예수의 피로 우리는 구원받았습니다. 그 피를 잊지 않고 살아야 합니다. 함부로 살아서는 안 됩니다.

제 5 부

단 한 번의 완전한 구속

우리를 위해 하나님 앞에 서신 예수

* Lexio 읽기 / 히브리서 9:23-24, 에베소서 2:4-7

가능하면 오늘의 본문을 먼저 읽는 것이 좋지만 바로 아래 글을 읽어도 좋습니다. 충분히 본문을 이해하도록 배려하며 글을 썼습니다. 혹시 본문을 읽으신 분은 감동이 오는 말씀이나 단어 혹은 느낌을 간단히 적으시면 좋습니다.

> "염소와 송아지의 피로 하지 아니하고 오직 자기의 피로 영원한
> 속죄를 이루사 단번에 성소에 들어가셨느니라"(히9:12)

히브리서 기자는 지상의 성소는 하늘 성소의 모형이며 그림자임을 말합니다. 그러면서 흥미로운 말을 합니다.

> "그러므로 하늘에 있는 것들의 모형은 이런 것들로써 정결하게
> 할 필요가 있었으나 하늘에 있는 그것들은 이런 것들보다 더 좋
> 은 제물로 할지니라"(히9:23)

"더 좋은 제물" 그리고 "하늘에 있는 것들"을 위한 제사가 필요하다는 말은 이상해 보입니다. 하나님이 거하시는 하늘은 이미 거룩한 곳이기 때문입니다.

이 표현은 새 언약에 참여한 백성 바로 우리를 염두에 둔 언급입니다. 바울은 예수를 믿는 순간 우리는 이 세상을 살지만 이미 하늘나라에 거하는 존재라고 말했습니다. 아쉽게도 개역개정성경은 시제가 모

호하게 쓰여 있지만 헬라어 성경은 정확하게 모두 과거형으로 썼습니다.

> "허물로 죽은 우리를 그리스도와 함께 살리셨고('쉬조오포이에오'
> 의 과거형)… 또 함께 일으키사('쉬네게이로'의 과거형) 그리스도 예수
> 안에서 함께 하늘에 앉히시니('쉥카디조'의 과거형)"(엡2:5-6)

'우리는' 이 세상에 있지만 하늘나라의 백성, "하늘에 있는 것들"에 포함됩니다. 그러므로 주님의 피는 이 땅에 뿌려진 것인 동시에 하나님 보좌 앞에서 성취된 것임을 알 수 있습니다. 그로 인해 드러난 주님의 위치를 히브리서 기자가 이렇게 썼습니다.

> "우리를 위하여 하나님 앞에 나타나셨다('엠프하니조'의 과거형)."
>
> (하정완의역/히9:24b)

놀랍고 아름답습니다. 하나님 앞에 우리를 위해 서 계신 주님 말입니다. 그 감격을 이렇게 기록하였습니다.

> "그러므로 형제들아 우리가 예수의 피를 힘입어 성소에 들어갈
> 담력을 얻었나니"(히10:19)

---

* 묵상질문
이 자유로운 은총을 매일 누려도 됩니다. 하나님 앞에 늘 나아가는 은총 말입니다. 어떻게 살고 계십니까?

- -

- -

단 한 번의 완전한 구속

* Lexio 읽기 / 히브리서 9:25-28
가능하면 오늘의 본문을 먼저 읽는 것이 좋지만 바로 아래 글을 읽어도 좋습니다. 충분히
본문을 이해하도록 배려하며 글을 썼습니다. 혹시 본문을 읽으신 분은 감동이 오는 말씀이
나 단어 혹은 느낌을 간단히 적으시면 좋습니다.

> "오직 자기의 피로 영원한 속죄를 이루사 단번에 성소에 들어가
> 셨느니라... 바로 그 하늘에 들어가사 이제 우리를 위하여 하나
> 님 앞에 나타나시고"(히9:12,24b)

히브리서 기자가 계속 반복하여 강조하듯이 주님께서 이루신 대속
제사는 단번에 완전히 이루신 것입니다. 첫 언약에서 드리던 반복된
제사처럼 할 필요가 없었습니다.

> "대사제는 해마다 다른 짐승의 피를 가지고 성소에 들어가야 하
> 지만 그리스도께서는 그렇게 번번이 당신 자신을 바치실 필요가
> 없었습니다."(공동번역/히9:25)

이어지는 26절의 접속사 "그리하면"이 문맥상 어색해 보이는데, 헬
라어 문장에 쓰인 접속사 '에페이'는 '그렇지 않으면'이란 뜻입니다. 이
뜻을 따라 설명을 더 넣어 정리하면 이렇습니다.

> "단 한 번의 제사로 완전하고 영원한 구속을 주님이 이루신 것이

아니었다면 그분은 창세 이후로 자주 고난을 받으셨어야 했음에 틀림없습니다."(하정완의역/히9:26)

예수의 대속 제사는 완벽했습니다. 완벽하지 않다면 구약의 대제사장처럼 매년 피의 제사, 곧 고난과 십자가가 필요했을 것입니다. 또 그 일은 '단 한 번에' 이루신 일이었습니다. 26절에 "단번에"로 번역된 단어는 '하팍스'인데, 정확하게 1회를 말합니다. 단번에 이루어진 이유는 27절에 기록된 것처럼 우리가 단 한 번만 이 세상에서 살 수 있고 그 후 죽음과 심판이 있기 때문입니다.

"한번 죽는 것은 사람에게 정해진 것이요 그 후에는 심판이 있으리니 이와 같이 그리스도도 많은 사람의 죄를 담당하시려고 단번에 드리신 바 되셨고"(히9:27–28a)

'단 한 번'만 살 수 있는 우리를 위해 주님이 '단 한 번'(하팍스)에 완벽한 구속을 이루신 것입니다. 재미있는 것은 27절에서 쓰인 "한 번"도 '하팍스'이고 28절의 "많은 사람의 죄를 담당하시려고 단번에 드리신 바 되셨고"에서도 같은 단어 '하팍스'가 쓰였습니다.

* **묵상질문**

단 한 번에 우리 모두의 구속을 완전히 이루셨습니다. 그러므로 반복할 필요가 없습니다. 우리의 신앙도 '단 한 번'처럼 순결하고 견고한 신앙이기를 원합니다.

다시 제사를 드리는 이유

* Lexio 읽기 / 히브리서 10:1-10
가능하면 오늘의 본문을 먼저 읽는 것이 좋지만 바로 아래 글을 읽어도 좋습니다. 충분히
본문을 이해하도록 배려하며 글을 썼습니다. 혹시 본문을 읽으신 분은 감동이 오는 말씀이
나 단어 혹은 느낌을 간단히 적으시면 좋습니다.

> "율법은 장차 올 좋은 일의 그림자일 뿐이요 참 형상이 아니므로
> 해마다 늘 드리는 같은 제사로는 나아오는 자들을 언제나 온전
> 하게 할 수 없느니라"(히10:1)

구약의 제사가 완벽하지 않은 결정적인 이유를 히브리서 기자가 끄
집어냅니다. 우리가 죄에서 완전히 놓임 받지 않았다는 증거인 죄의식
입니다.

> "만일 그렇게 해서 완전해질 수 있었다면 예배하는 사람들이 단
> 번에 깨끗하게 되어 다시는 죄의식을 가지지 않았을 것이며 따
> 라서 계속해서 제물을 바치지도 않았을 것이 아닙니까?"
> (공동번역/히10:2)

개역개정성경이 "죄를 기억하게 하는 것"이라고 번역한 헬라어 '쉬
네이데신 하마르티온'은 죄를 의식 혹은 자각하는 상태입니다. 대속
제사를 드리고 일 년이 지난 후 제사를 또 드리는데 여전히 그때의 죄
가 자각되었습니다. 온전한 속죄가 이뤄지지 않은 것입니다. 그것이

다시 제사를 드리는 이유였습니다.

> "그러나 이 제사들에는 해마다 죄를 기억하게 하는 것이 있나니
> 이는 황소와 염소의 피가 능히 죄를 없이 하지 못함이라"
> (히10:3-4)

히브리서 기자는 시편 40편 말씀을 인용하는데, 하나님은 그러한 제사를 기뻐하지 않으신다는 말씀이었습니다.

> "하나님이 제사와 예물을 원하지 아니하시고... 번제와 속죄제는
> 기뻐하지 아니하시나니... 주께서는 제사와 예물과 번제와 속죄
> 제는 원하지도 아니하고 기뻐하지도 아니하신다 하셨고(이는 다
> 율법을 따라 드리는 것이라"(히10:5-6,8)

더욱이 그 제사는 자발적인 것도 아니었습니다. 그러나 예수 그리스도께서 단번에 몸을 드리신 것은 스스로 하신 것이며 하나님의 뜻을 좇은 것이었습니다.

> "내가 하나님의 뜻을 행하러 왔나이다 하셨으니... 이 뜻을 따라
> 예수 그리스도의 몸을 단번에 드리심으로 말미암아 우리가 거룩
> 함을 얻었노라"(히10:9-10)

* 묵상질문
스스로 하나님의 뜻을 따라 자신을 드려 온전한 제물이 되신 주님을 잊지 마십시오.

거룩하게 되어가는 자들

* Lexio 읽기 / 히브리서 10:11-14
가능하면 오늘의 본문을 먼저 읽는 것이 좋지만 바로 아래 글을 읽어도 좋습니다. 충분히
본문을 이해하도록 배려하며 글을 썼습니다. 혹시 본문을 읽으신 분은 감동이 오는 말씀이
나 단어 혹은 느낌을 간단히 적으시면 좋습니다.

해마다 드리는 대속죄일의 제사는 제사의 불완전성을 드러냈습니다. 그래서 제사장들은 매일 제사를 드렸습니다. 매일 드리는 제사의 모습은 "서서" 섬기는 것이었습니다. 멈출 수가 없었기 때문입니다.

"제사장마다 매일 서서 섬기며 자주 같은 제사를 드리되 이 제사
는 언제나 죄를 없게 하지 못하거니와"(히10:11)

그러나 제사장들이 늘 "서서" 있는 것과 달리 단번에 영원한 제사를 드린 그리스도는 "하나님 우편에 앉으"셨습니다.

"오직 그리스도는 죄를 위하여 한 영원한 제사를 드리시고 하나
님 우편에 앉으사"(히10:12)

모든 구속이 완료되었습니다. 하지만 끝난 것은 아닙니다. 그래서 주님은 기다리고 계십니다.

"그 후에 자기 원수들을 자기 발등상이 되게 하실 때까지 기다리

시나니"(히10:13)

그리스도께서 이미 한 번의 영원한 효력의 제사로 우리를 구속하였
지만(already) 아직 끝에 이른 것은 아닙니다(not yet). 오스카 쿨만은
"결정적으로 승기를 잡은 날(D-Day)과 최종적인 승리의 날(V-Day)"
(토머스 R. 슈라이너, 『히브리서 주석』, 복있는사람, 454쪽)로 구별하
여 표현하였습니다. 우리가 여전히 긴장감을 가지고 오늘을 사는 이유
이고 거룩에 이르기를 추구해야 하는 이유입니다. 그런 관점에서 14절
"거룩하게 된 자들"은 NIV의 '거룩하게 되어가는 자들'(NIV/those who
are being made holy)의 번역이 적절해 보입니다.

> "그는 단 한 번의 제사로 거룩하게 되어가는 자들을 영원히 완전
> 하게 하셨습니다."(NIV한글역/히10:14)

이미 주님이 우리를 완전하게 하셨습니다. 십자가에서 우리의 모든
죄를 대속하시던 날(D-Day) 이뤄졌습니다. 이제 남은 것은 우리의 최
종적인 승리의 날(V-Day)입니다. 마지막까지 이 경주를 하는 것이 중
요할 뿐입니다.

* 묵상질문
우리는 지금 이미 승리한 경주를 하고 있습니다.

죄가 기억나지 않는다

* Lexio 읽기 / 히브리서 10:15-18
가능하면 오늘의 본문을 먼저 읽는 것이 좋지만 바로 아래 글을 읽어도 좋습니다. 충분히
본문을 이해하도록 배려하며 글을 썼습니다. 혹시 본문을 읽으신 분은 감동이 오는 말씀이
나 단어 혹은 느낌을 간단히 적으시면 좋습니다.

> "그가 거룩하게 된 자들을 한 번의 제사로 영원히 온전하게 하셨
> 느니라"(히10:14)

구원과 승리는 결정된 것입니다. 우리는 거룩, 곧 성화로 나아가는
과정에 있습니다. 그렇다면 어떻게 우리의 모든 죄가 사함을 받았고
온전한 구원에 이르렀으며 마지막 날 거룩함에 이르게 된다는 것을 확
신할 수 있습니까? 히브리서 기자는 8장 8-12절에서 인용했던 예레미
야 31장 31-34절 말씀을 다시 언급합니다. 성령께서 끄집어내어 증언
하신 것이었습니다.

> "주께서 이르시되 그 날 후로는 그들과 맺을 언약이 이것이라 하
> 시고 내 법을 그들의 마음에 두고 그들의 생각에 기록하리라"
> (히10:16)

그리스도의 완전한 대속적 제사로 인해 우리에게 벌어진 두 가지 일
중 하나인 우리 마음과 생각에 새긴 언약입니다. 이미 8장에서 기록한
까닭에 다시 적지 않은 것으로 보이지만 그 내용은 새 언약입니다.

> "내 법을 그들의 생각에 두고 그들의 마음에 이것을 기록하리라
> 나는 그들에게 하나님이 되고 그들은 내게 백성이 되리라"
> (히8:10; 렘31:33)

하나님이 우리 마음과 생각에 하나님의 언약 곧 법을 기록하심으로 우리 내면은 새로운 인식을 갖게 됩니다. 바로 죄가 기억나지 않는 것입니다. 그것의 시작은 하나님이 우리의 죄를 기억하지 않기 때문이며, 그것은 하나님이 새롭게 정하신 법입니다. 그래서 우리 역시 우리의 죄가 기억나지 않는 것입니다. 구약의 제사처럼 다시 기억나는 것이 아니라 완벽하게 해결되었음을 성령을 통하여 우리 안에서 확정했기 때문입니다. 다시 죄를 위하여 제사를 드릴 필요가 없는 이유입니다.

> "또 그들의 죄와 그들의 불법을 내가 다시 기억하지 아니하리라
> 하셨으니 이것들을 사하셨은즉 다시 죄를 위하여 제사 드릴 것
> 이 없느니라"(히10:17–18)

* 묵상질문
그리스도 안에서 우리의 죄가 기억나지 않는 것은 완전한 구속으로 인한 새 법이 우리 안에 새겨졌기 때문입니다.

하나님께 나아가자

* Lexio 읽기 / 히브리서 10:19-22
가능하면 오늘의 본문을 먼저 읽는 것이 좋지만 바로 아래 글을 읽어도 좋습니다. 충분히 본문을 이해하도록 배려하며 글을 썼습니다. 혹시 본문을 읽으신 분은 감동이 오는 말씀이나 단어 혹은 느낌을 간단히 적으시면 좋습니다.

> "주께서 이르시되 그 날 후로는 그들과 맺을 언약이 이것이라 하
> 시고 내 법을 그들의 마음에 두고 그들의 생각에 기록하리라"
> (히10:16)

그리스도의 대속 제사를 통하여 하나님이 맺으신 새 언약은 예수의 피로 인한 죄 사함에 있습니다. 그래서 우리의 죄는 다시 기억되지 않았습니다(히10:17). 그 사실은 법이 되어 우리 마음과 생각에 기록되었습니다.

이것은 우리가 예수를 믿고 성령의 도우심으로 죄 사함을 경험했을 때 벌어지는 현상입니다. 우리의 죄가 기억나지 않으며, 기억나더라도 그리스도의 대속으로 인해 이미 그 빚을 탕감 받았다는 것을 압니다. 히브리서 기자는 이 사실을 강조하면서 이제 주님께서 휘장을 찢고 열어놓으신 새 길을 통해 하나님께 담대히 나아가라고 요청합니다.

> "그러므로 형제들아 우리가 예수의 피를 힘입어 성소에 들어갈
> 담력을 얻었나니 그 길은 우리를 위하여 휘장 가운데로 열어 놓

으신 새로운 살 길이요 휘장은 곧 그의 육체니라"(히10:19-20)

더 구체적으로 그리스도의 피가 우리 마음에 뿌려졌다고 말합니다. 우리 안에 "악한 양심"은 없어지고 깨끗하고 정결한 양심을 가진 존재가 되었다고 말합니다. 그 상태에서 하나님께로 나아가자고 말합니다.

> "우리가 마음에 뿌림을 받아 악한 양심으로부터 벗어나고 몸은
> 맑은 물로 씻음을 받았으니 참 마음과 온전한 믿음으로 하나님
> 께 나아가자"(히10:22)

"나아가자". 이것은 하나님께 나아갈 권한을 갖고 있다는 뜻입니다. 물론 하나님 앞에 나아갈 때 유지해야 할 것이 두 가지가 있습니다. 하나는 "참 마음"이고 다른 하나는 "온전한 믿음"입니다. "참 마음"은 주의 보혈과 성령을 통해 깨끗하게 된 마음입니다. 이미 우리 안에 생긴 착한 양심을 말합니다. 성령의 음성을 따라 훼손하지 말고 나아가야 합니다. "온전한 믿음"은 정확하게 말하면 '믿음의 철저한 확신' 곧 내가 지닌 믿음에 대한 철저한 신뢰(플레롭호리아/full assurance)를 말합니다. 주님께서 단 한 번에 영원한 제사로 완전한 구속의 성취하셨기 때문입니다.

* 묵상질문

우리는 매일 하나님께 나아갈 수 있고 나아가야 합니다. 우리에게는 그런 권한이 있습니다.

Let us…

* Lexio 읽기 / 히브리서 10:22-25
가능하면 오늘의 본문을 먼저 읽는 것이 좋지만 바로 아래 글을 읽어도 좋습니다. 충분히
본문을 이해하도록 배려하며 글을 썼습니다. 혹시 본문을 읽으신 분은 감동이 오는 말씀이
나 단어 혹은 느낌을 간단히 적으시면 좋습니다.

> "우리가 마음에 뿌림을 받아 악한 양심으로부터 벗어나고 몸은
> 맑은 물로 씻음을 받았으니 참 마음과 온전한 믿음으로 하나님
> 께 나아가자"(히10:22)

그리스도의 피로 완전한 구속을 받은 우리 크리스천들이 어떻게 살아야 할지 히브리서 기자가 차근차근 설명합니다. 영어 번역들은 재미있게 '~하자(Let us)'라는 표현을 사용하는데 여기에 쓰인 다섯 번의 'Let us'는 오늘날 우리에게도 중요하게 다가옵니다. 그 이유는 '그날이 가까움을 보기 때문'(히10:25)이라는 표현처럼 당시 그들이 만난 박해와 배교의 상황과 우리가 만났던 전대미문의 코로나19 상황이나 그로 인한 교회 적대적인 분위기 등이 비슷하기 때문입니다.

히브리서 기자는 다섯 가지 해법을 말합니다. 첫 번째는 22절 "하나님께 나아가자"(let us draw near to God)입니다. 두 번째는 "우리가 믿는 도리의 소망" 직역하면 '우리가 확신하는 고백' 곧 모든 것의 근원이신 그리스도 예수가 주는 모든 소망과 미래를 꼭 "굳게 잡자(Let us hold)"(히10:23)라는 권면입니다.

"또 약속하신 이는 미쁘시니 우리가 믿는 도리의 소망을 움직이
　　　　지 말며 굳게 잡고"(히10:23)

　세 번째로 "서로 돌아보아(let us consider) 사랑과 선행을 격려" 하자
고 말합니다. 지체들의 사랑과 선행을 격려하기 위하여 '주의 깊게 관
찰하여'(카타노오멘/let us consider) 찾아내라고 권면합니다. 힘들고 어
려운 시기에 선한 사역을 박수 치는 것이 중요하다는 뜻입니다.

　　　"서로 돌아보아 사랑과 선행을 격려하며"(히10:24)

　네 번째는 '모이기를 포기하지 말자'(Let us not give up meeting
together)는 것이고, 마지막으로 계속해서 격려하고(let us encourage one
another) 박수 치며 걸어가자고 권합니다.

　　　"모이기를 폐하는 어떤 사람들의 습관과 같이 하지 말고 오직 권
　　　　하여 그 날이 가까움을 볼수록 더욱 그리하자"(히10:25)

* 묵상질문
지금은 박수 치고 격려하며 서로의 착한 것들을 찾아 축복하고 함께 걸어가는 것이 필요
한 때입니다.

- -

- -

사함 받을 수 없는 죄

* Lexio 읽기 / 히브리서 10:26-29
가능하면 오늘의 본문을 먼저 읽는 것이 좋지만 바로 아래 글을 읽어도 좋습니다. 충분히
본문을 이해하도록 배려하며 글을 썼습니다. 혹시 본문을 읽으신 분은 감동이 오는 말씀이
나 단어 혹은 느낌을 간단히 적으시면 좋습니다.

> "그러므로 형제 여러분, 예수께서 피를 흘리심으로써 우리는 마
> 음놓고 지성소에 들어가게 되었습니다."(공동번역/히10:19)

예수의 피로 말미암아 죄 사함을 얻고 구원에 이르렀다는 것은 주님
이 치르신 대가의 깊이를 보여줍니다. 그러므로 이 놀라운 진리를 알
고 구속함을 받은 자가 "짐짓"(현대인의성경/고의적으로) 죄를 범할
경우 사함 받을 수 없다고 히브리서 기자는 강조합니다. 구약에도 제
사를 드릴 수 없는 죄가 있었는데 바로 "짐짓", 곧 고의로 짓는 죄였습
니다(민15:30-31).

> "우리가 진리를 아는 지식을 받은 후 짐짓 죄를 범한즉 다시 속죄
> 하는 제사가 없고"(히10:26)

'짐짓 죄를 범하는' 것은 한 번 죄를 범하는 것을 말하지 않습니다.
NIV의 번역처럼 '계속해서 죄를 짓고 있는 것'(keep on sinning)입니다.
그것도 "짐짓"(헤쿠시오스/willingly/고의로) 죄를 반복하는 것입니다.

게다가 의도적으로 반복합니다. 이미 내면이 파괴된 상태입니다. 히브리서 기자가 회복이 불가능하다고 말하지 않아도 당연한 일입니다. 그러므로 자신이 짓고 있는 죄가 어떤 모습인지 돌아볼 필요가 있습니다. 히브리서 기자는 모세의 율법을 무시한 자도 사형에 처해졌는데 하물며 "하나님의 아들을 짓밟고 자기를 거룩하게 한 언약의 피를 부정한 것으로 여기고 은혜의 성령을 욕되게 하는 자가 당연히 받을 형벌은 얼마나 더 무겁겠느냐"(히10:29)라고 질문합니다.

사실 예수의 피를 거부하는 것은 단순한 거부가 아닙니다. 믿는다는 것은 성령의 감동이 있었다는 뜻이므로 믿지 않고 배도하는 것은 성령의 역사를 거스르고 훼방한다는 의미이기 때문입니다. 주님이 말씀하셨습니다.

"누구든지 성령을 훼방하는 자는 사하심을 영원히 얻지 못하고
영원한 죄에 처하느니라"(개역한글/막3:29)

우리가 죄에 노출될 수는 있어도 고의적으로 죄를 짓는 것에 자신을 방임해서는 안 됩니다. 돌아설 수 없을지도 모르기 때문입니다.

* 묵상질문
죄를 계속해서 심지어 의도적으로 짓고 있다면 매우 위험한 상태입니다. 나는 어떻습니까?

하나님과 원수가 되지 말고

* Lexio 읽기 / 히브리서 10:30-35

가능하면 오늘의 본문을 먼저 읽는 것이 좋지만 바로 아래 글을 읽어도 좋습니다. 충분히 본문을 이해하도록 배려하며 글을 썼습니다. 혹시 본문을 읽으신 분은 감동이 오는 말씀이나 단어 혹은 느낌을 간단히 적으시면 좋습니다.

> "하물며 하나님의 아들을 짓밟고 자기를 거룩하게 한 언약의 피
> 를 부정한 것으로 여기고 은혜의 성령을 욕되게 하는 자가 당연
> 히 받을 형벌은 얼마나 더 무겁겠느냐 너희는 생각하라"(히10:29)

우리를 향한 하나님의 지극한 사랑과 아들 예수를 내어주신 극단적인 고통 그리고 그 계획에 철저히 순종함으로 피의 제사로 구속 제물이 되신 예수 그리스도를 알고 깨달았음에도 불구하고, 고의적으로(짐짓) 그리스도의 피 곧 구속을 부정하는 것은 위중한 죄입니다. 히브리서 기자는 하나님은 그런 사람을 원수로 여기신다고 신명기 32장 35절 말씀을 인용합니다. 이것은 하나님의 공의에 대한 거부이고 반역이기 때문에 긍휼이 사라지는 이유가 됩니다.

> "원수 갚는 것이 내게 있으니 내가 갚으리라 하시고 또 다시 주께
> 서 그의 백성을 심판하리라 말씀하신 것을 우리가 아노니"
> (히10:30)

116

그러나 히브리서 기자는 경고하는 것이 목적이 아니라고 말합니다. 그는 자신의 목적을 말하기 위해 과거를 회상합니다. 히브리서 독자들도 11장에 기록된 믿음의 사람들과 같은 시작을 했었습니다. 그들의 모습을 찬찬히 읽어보십시오.

> "여러분은 처음에 빛을 받고 나서 많은 고난의 도전을 받으면서도 견디어내던 시절을 생각해 보십시오. 여러분 중에는 모욕과 환난을 당하여 구경거리가 된 사람들도 있고 그런 형편에 빠진 사람들의 친구가 된 사람들도 있습니다. 여러분은 감옥에 갇힌 사람들을 동정했고 또 자기 재산을 다 빼앗기는 일이 있어도 그보다 더 좋고 더 영구한 재산을 차지할 수 있다는 것을 깨닫고 그 일을 기쁘게 당했습니다."(공동번역/히10:32-34)

지금은 흔들리고 있지만 원래 이들은 뜨거운 경험과 기억을 가진 크리스천들이었습니다. 히브리서 기자는 이 사실을 상기시키며 권면합니다. 하나님과 원수 되지 말고 그리스도를 힘입어 담대함으로 하나님께 나아갈 것을 요청합니다(히4:16; 10:19).

> "그러므로 너희 담대함을 버리지 말라 이것이 큰 상을 얻게 하느니라"(히10:35)

* 묵상질문

하나님과 원수가 되지 말고 그리스도를 힘입어 하나님의 보좌로 담대히 나아가야 합니다.

부끄럽지 않고 자랑스러운 구원

* Lexio 읽기 / 히브리서 10:36-39
가능하면 오늘의 본문을 먼저 읽는 것이 좋지만 바로 아래 글을 읽어도 좋습니다. 충분히
본문을 이해하도록 배려하며 글을 썼습니다. 혹시 본문을 읽으신 분은 감동이 오는 말씀이
나 단어 혹은 느낌을 간단히 적으시면 좋습니다.

"그러므로 너희 담대함을 버리지 말라 이것이 큰 상을 얻게 하느
니라"(히10:35)

여기서 "담대함"이란 당연히 "예수의 피를 힘입어 성소에 들어갈 담
력"(히10:19)을 말합니다. 히브리서 기자는 이처럼 늘 하나님의 뜻을
따라 살 때 우리에게 "큰 상"(히10:35)이 있음을 강조합니다. 그렇다면
그 큰 상은 어떤 상입니까? 사실 주님도 상에 대해 말씀하셨습니다.

"나로 말미암아 너희를 욕하고 박해하고 거짓으로 너희를 거슬러
모든 악한 말을 할 때에는 너희에게 복이 있나니 기뻐하고 즐거
워하라 하늘에서 너희의 상이 큼이라"(마5:11-12)

주님은 그 상이 무엇인지 좀 더 구체적으로 확실하게 말씀하셨는데
바로 구원이었습니다.

"너희가 내 이름으로 말미암아 모든 사람에게 미움을 받을 것이
나 끝까지 견디는 자는 구원을 얻으리라"(마10:22)

순간 '상'으로는 특별하지 않아 보입니다. 하지만 이 구원은 자랑스러운 구원입니다. 흠 없는 구원입니다. 주님이 행하신 피에 대한 우리의 대답으로서 피의 헌신이기 때문입니다. 누구나 예수를 믿으면 구원에 이르지만 하나님 보좌 앞에 섰을 때 부끄럽지 않은 구원입니다. 주님이 이루신 피의 구속 사역이 얼마나 아름다운지 삶으로 증명한 것이기 때문입니다.

이를 강조하려 했는지는 확실하지 않지만 히브리서 기자는 38절에서 하박국 2장 4절 칠십인역을 인용하면서 약간 어순을 바꿉니다. 칠십인역에서 소유격 '나의'(mou/무)는 "믿음"을 수식하여 '하나님의 믿음'으로 번역되는데 히브리서는 '나의'(mou/무)가 "의인"을 수식합니다. 사실 이상하지 않습니다. 이들은 그리스도의 구속 사역을 좇아 담대하게 하나님께로 나아가며 이 세상에서 담대하게 산 믿음의 사람이기 때문입니다. 더 이상 '하나님의 믿음'이라고 말하지 않아도 될 만큼 단단한 하나님의 사람을 표현하려 했던 것인지도 모릅니다.

"나의 의인은 믿음으로 말미암아 살리라"(히10:38a)

* 묵상질문
부끄러울 것이 없는 온전한 믿음으로 하나님 앞에 서서 담대하게 사는 온전한 구원의 사람이 되길 추구하십시오.

제 6 부

믿음의 영웅들

믿음의 신비

* Lexio 읽기 / 히브리서 11:1-3

가능하면 오늘의 본문을 먼저 읽는 것이 좋지만 바로 아래 글을 읽어도 좋습니다. 충분히 본문을 이해하도록 배려하며 글을 썼습니다. 혹시 본문을 읽으신 분은 감동이 오는 말씀이나 단어 혹은 느낌을 간단히 적으시면 좋습니다.

"나의 의인은 믿음으로 말미암아 살리라"(히10:38a)

"나의 의인"은 정말 자랑스러운 표현입니다. 이미 하나님의 믿음으로 가득하게 되어 흔들림 없이 걸어가는 '믿음으로 사는 자'는 '나의 의인' 곧 하나님이 자랑스럽게 여기는 존재임을 히브리서 기자가 표현한 것입니다.

11장부터는 믿음으로 산 사람들 곧 '하나님의 의인'들의 아름다운 역사를 기록합니다. 우선 히브리서 기자는 믿음이 무엇인지를 설명함으로 시작합니다.

"믿음은 바라는 것들의 실상이요 보이지 않는 것들의 증거니"
(히11:1)

여기서 "실상"으로 번역된 단어는 '휘포스타시스'인데 '실체' 곧 '실제로 존재하는 것'이라는 뜻입니다. 믿음의 깊이에서 우리는 그리스도 안에서 우리가 소망하는 것이 실제로 존재한다는 확신에 이르게 됩니다. 그래서 지금의 상황이 박해와 위기라 할지라도 하나님께서 준비하신 것을 보는 까닭에 담대한 것입니다.

그것만이 아닙니다. 우리는 전혀 볼 수 없는 것들, 심지어 이 세상적인 것이 아닌 천국과 영원한 구원 그리고 영생까지 스스로 믿음이 증거한다고 히브리서 기자는 말합니다. 이 같은 삶의 방법으로 "선진들" 곧 믿음의 선배들이 살았고 지금까지 이기며 걸어온 비밀이라고 말합니다.

"선진들이 이로써 증거를 얻었느니라"(히11:2)

예를 들어 히브리서 기자는 믿음으로 이뤄진 인식을 먼저 소개합니다. 이 세상이 하나님의 말씀으로 지어졌다는 것이 믿어지는 것입니다.

"믿음으로 모든 세계가 하나님의 말씀으로 지어진 줄을 우리가
아나니 보이는 것은 나타난 것으로 말미암아 된 것이 아니니라"
(히11:3)

믿음의 신비이자 비밀입니다. 어느 날 과학적으로 설명될 수 없는 것을 받아들이는 신비에 이르는 것입니다.

＊ 묵상질문
믿음의 신비는 오묘합니다. 예수를 믿고 성숙을 향해 가는 과정에서 벌어진 믿음의 비밀을 함께 나눠보십시오.

아벨과 에녹

* Lexio 읽기 / 히브리서 11:4-5
가능하면 오늘의 본문을 먼저 읽는 것이 좋지만 바로 아래 글을 읽어도 좋습니다. 충분히
본문을 이해하도록 배려하며 글을 썼습니다. 혹시 본문을 읽으신 분은 감동이 오는 말씀이
나 단어 혹은 느낌을 간단히 적으시면 좋습니다.

> "믿음은 바라는 것들의 실상이요 보이지 않는 것들의 증거니 선
>
> 진들이 이로써 증거를 얻었느니라"(히11:1-2)

히브리서 기자는 믿음의 선배들을 소개하면서 "바라는 것들의 실상
이요 보이지 않는 것들의 증거"가 무엇인지 설명합니다. 언제나 그 시
작은 '피스테이' 곧 "믿음으로"라는 표현입니다. 총 18회나 반복됩니
다. 먼저 창조에 대한 믿음이 확신으로 이뤄진 것을 설명(히11:3) 한
후 구체적으로 한 사람씩 소개합니다.

첫 번째 선진은 아벨입니다. 우리는 창세기에서 가인과 아벨 이야기
를 읽을 때 '왜 하나님은 아벨의 제사는 받으시고 가인의 제사는 안 받
으셨는가?' 하는 질문에 봉착합니다. 하지만 창세기에는 정확한 답변
이 없습니다(창4:4-5). 그런데 히브리서 기자가 두 사람의 차이를 믿
음이라고 말합니다. 아벨의 제사는 '피스테이' 곧 "믿음으로" 드린 제
사였던 것입니다.

> "믿음으로 아벨은 가인보다 더 나은 제사를 하나님께 드림으로

의로운 자라 하시는 증거를 얻었으니"(히11:4a)

두 번째 인물은 에녹입니다. 에녹은 365년을 살았는데 그에 대한 창세기의 기록입니다.

"에녹이 하나님과 동행하더니 하나님이 그를 데려가시므로 세상
에 있지 아니하였더라"(창5:24)

히브리서 기자는 정확하게 그 비밀을 "믿음으로 에녹은 죽음을 보지 않고 옮겨졌으니"(히11:5a)라고 설명합니다. 여기서 히브리서 기자가 "에녹이 하나님과 동행하더니"에 대한 중요한 해석을 합니다. 히브리서 기자는 칠십인역을 택해 '에녹은 하나님을 기쁘게 하였다'라고 설명합니다. 믿음으로 하나님과 동행한다는 것, 그 자체가 하나님을 기쁘게 하는 일이라는 뜻입니다.

"믿음으로 에녹은 죽음을 보지 않고 옮겨졌으니 하나님이 그를
옮기심으로 다시 보이지 아니하였느니라 그는 옮겨지기 전에 하
나님을 기쁘시게 하는 자라 하는 증거를 받았느니라"(히11:5)

* 묵상질문
하나님을 기쁘게 하는 방법은 하나님과 동행하는 것입니다. 그런 점에서 나는 어떤 사람
입니까?

믿음이 기쁘게 한다

* Lexio 읽기 / 히브리서 11:6-7
가능하면 오늘의 본문을 먼저 읽는 것이 좋지만 바로 아래 글을 읽어도 좋습니다. 충분히 본문을 이해하도록 배려하며 글을 썼습니다. 혹시 본문을 읽으신 분은 감동이 오는 말씀이나 단어 혹은 느낌을 간단히 적으시면 좋습니다.

> "믿음으로 에녹은 죽음을 보지 않고 옮겨졌으니 하나님이 그를
> 옮기심으로 다시 보이지 아니하였느니라 그는 옮겨지기 전에 하
> 나님을 기쁘시게 하는 자라 하는 증거를 받았느니라"(히11:5)

앞에서 우리는 "에녹이 하나님과 동행하더니"(창5:24)를 칠십인역이 '에녹은 하나님을 기쁘게 하였다'로 재해석했다는 것을 살폈습니다. 그렇습니다. 언제나 믿음이 하나님을 기쁘게 합니다. 히브리서 기자가 그 사실을 적습니다.

> "믿음이 없이는 하나님을 기쁘시게 하지 못하나니 하나님께 나아
> 가는 자는 반드시 그가 계신 것과 또한 그가 자기를 찾는 자들에
> 게 상 주시는 이심을 믿어야 할지니라"(히11:6)

우리의 믿음은 하나님을 기쁘게 합니다. 전적으로 자신을 신뢰하는 어린 아들의 믿음을 기뻐하는 아버지처럼 말입니다. 이어지는 설명은 마치 믿음으로 인해 우리가 누릴 수 있는 보상 같은 것으로 들리지만 사실은 하나님이 기뻐하셔서 준비한 선물이라고 해야 옳습니다. 우리

의 믿음은 하나님을 기쁘게 하기 때문입니다.

요한복음 17장에는 유월절 식사 자리에서 하신 예수님의 마지막 기도가 나오는데, 예수님은 자신이 전한 말씀을 제자들이 잘 받아들이고 깨달았으며 하나님께서 주님을 보내신 것을 믿었다고 말합니다. 그리고 그로 인해 자신이 영광 받았다고 드러냅니다.

> "나는 아버지께서 내게 주신 말씀들을 그들에게 주었사오며 그들
> 은 이것을 받고 내가 아버지께로부터 나온 줄을 참으로 아오며
> 아버지께서 나를 보내신 줄도 믿었사옵나이다... 내가 그들로 말
> 미암아 영광을 받았나이다"(요17:8,10b)

우리는 잊지 말아야 합니다. 우리의 믿음이 주님께 영광이 되며 기쁨이 된다는 사실 말입니다. 히브리서 기자는 이어서 노아를 설명하는데 하나님의 경고를 경외함(두려워함)으로 믿은 것이 핵심이라 말합니다. 노아는 자기 마음대로 믿은 것이 아니라 하나님의 뜻에 철저히 청종하고 늘 하나님 앞에 조심하며 그 말씀에 주의를 기울이는 신앙을 갖고 있었습니다. 우리도 견지해야 할 믿음의 모습입니다.

* 묵상질문
우리가 믿음을 갖고 있는 것 자체가 주님께 영광이고 하나님의 기쁨이 됩니다. 절대로 잊어서는 안 됩니다.

- -

- -

나그네적 삶

* Lexio 읽기 / 히브리서 11:8-16
가능하면 오늘의 본문을 먼저 읽는 것이 좋지만 바로 아래 글을 읽어도 좋습니다. 충분히
본문을 이해하도록 배려하며 글을 썼습니다. 혹시 본문을 읽으신 분은 감동이 오는 말씀이
나 단어 혹은 느낌을 간단히 적으시면 좋습니다.

> "믿음으로 아브라함은 부르심을 받았을 때에 순종하여 장래의 유
> 업으로 받을 땅에 나아갈새 갈 바를 알지 못하고 나아갔으며"
> (히11:8)

하나님이 부르셨을 때 아브라함은 믿음으로 "갈 바를 알지 못하고"
나아갑니다. 이 같은 믿음을 보면서 우리는 질문합니다. '어떻게 그럴
수 있었을까?'

그 비밀을 히브리서 기자가 설명했습니다. 그것은 "약속의 땅에"(히
11:9) 거할 때에도 그곳을 "이방의 땅에 있는 것 같이" 공동번역으로
말하자면 "나그네나 다름없는 생활을 하며" 살았기 때문입니다. 결국
아브라함의 목적지는 이 세상이 아니었습니다.

> "이는 그가 하나님이 계획하시고 지으실 터가 있는 성을 바랐음
> 이라"(히11:10)

이 세상을 본향으로 생각한 적이 없었고 언제나 나그네로 살았습니

다.

> "이 지상에서는 자기들이 타향 사람이며 나그네에 불과하다는 것
> 을 인정했습니다. 그들이 이렇게 생각한 것은 그들이 찾고 있던
> 고향이 따로 있었다는 것을 분명히 드러내는 것입니다."
>
> (공동번역/히11:13b-14)

이 세상에서의 우리 삶은 존 번연이 『천로역정』에서 표현한 것처럼 순례자의 삶이라 할 수 있습니다. 이 땅은 우리가 영원히 머물 곳이 아니기 때문입니다. 히브리서 기자는 이 아름다운 나그네 순례자를 위하여 하나님께서 "한 성"을 예비하셨다고 말합니다.

> "그들이 이제는 더 나은 본향을 사모하니 곧 하늘에 있는 것이라
> 이러므로 하나님이 그들의 하나님이라 일컬음 받으심을 부끄러
> 워하지 아니하시고 그들을 위하여 한 성을 예비하셨느니라"
>
> (히11:16)

우리의 문제는 지금 그리고 이 세상이 전부라고 여기는 것에 있습니다. 우리는 언젠가 이 세상을 떠나야 하는 나그네인데 말입니다. 하지만 아브라함은 믿음으로 나그네적 삶을 살았습니다. 그것이 아브라함의 힘이었습니다.

* 묵상질문

나그네적 삶이 이해되십니까? 그렇게 오로지 주님과 짧은 시간이라도 살아보는 것은 어떻겠습니까?

아브라함의 시선

* Lexio 읽기 / 히브리서 11:17-19
가능하면 오늘의 본문을 먼저 읽는 것이 좋지만 바로 아래 글을 읽어도 좋습니다. 충분히
본문을 이해하도록 배려하며 글을 썼습니다. 혹시 본문을 읽으신 분은 감동이 오는 말씀이
나 단어 혹은 느낌을 간단히 적으시면 좋습니다.

> "이 지상에서는 자기들이 타향 사람이며 나그네에 불과하다는 것
> 을 인정했습니다. 그들이 이렇게 생각한 것은 그들이 찾고 있던
> 고향이 따로 있었다는 것을 분명히 드러내는 것입니다."
>
> (공동번역/히11:13b-14)

이 세상을 영원하다고 생각하지 않고 하나님 나라를 바라보며 나그
네로 살자 다른 세상이 열립니다. 세상 사람들이 꽉 붙잡고 있는 모든
세상의 욕망으로부터 자유하게 된 것입니다. 그러므로 그동안 살던 고
향 아비 집을 떠나는 것도 가능했고 무엇이든 내려놓을 수 있었습니
다.

물론 히브리서는 결과를 중심으로 쓴 까닭에 아브라함과 사라 등이
겪었던 흔들림과 시험은 기록하지 않았습니다. 그것은 별로 중요하지
않기 때문입니다. 마지막에 하나님의 뜻을 이룬 것은 그들이 살아온
날의 치열함의 결과였고, 그것으로 충분하다는 메시지입니다. 그 치열
한 삶의 결정체, 모든 것의 종료적 사건은 이삭을 제물로 바치라는 하
나님의 요청이었습니다. 그때 아브라함은 이미 온전한 믿음의 사람이

었습니다. 믿음이 그를 살게 하고 있었습니다.

> "아브라함은 시험을 받을 때에 믿음으로 이삭을 드렸으니 그는
> 약속들을 받은 자로되 그 외아들을 드렸느니라"(히11:17)

이삭은 "약속들", 곧 하나님이 여러 번 약속하신 응답으로 얻은 약속
의 자녀였습니다. 그런데 제물로 바치라는 말씀은 다시 데려간다는 것
과 다름이 없었습니다.

> "그에게 이미 말씀하시기를 네 자손이라 칭할 자는 이삭으로 말
> 미암으리라 하셨으니"(히11:18)

그러나 아브라함은 조금도 흔들리지 않았습니다. 하나님이 약속으
로 주신 자녀이기에 하나님께 속한 것을 정확히 알고 있었습니다. 모
든 생명의 죽고 사는 것이 하나님의 것임을 알고 있었습니다. 심지어
아브라함은 이삭이 죽더라도 죽은 자 가운데서 살리실 것을 믿는 단계
의 완전한 믿음에 이른 상태였습니다.

> "그가 하나님이 능히 이삭을 죽은 자 가운데서 다시 살리실 줄로
> 생각한지라"(히11:19a)

* 묵상질문

무엇을 바라보고 있는지가 우리 삶의 가치를 결정합니다. 그런 의미에서 나의 시선은 무엇
에 고정되어 있습니까?

....

....

믿음이라는 유산을 물려주라

* Lexio 읽기 / 히브리서 11:20-23
가능하면 오늘의 본문을 먼저 읽는 것이 좋지만 바로 아래 글을 읽어도 좋습니다. 충분히 본문을 이해하도록 배려하며 글을 썼습니다. 혹시 본문을 읽으신 분은 감동이 오는 말씀이나 단어 혹은 느낌을 간단히 적으시면 좋습니다.

"그가 하나님이 능히 이삭을 죽은 자 가운데서 다시 살리실 줄로 생각한지라"(히11:19a)

이 엄청난 믿음은 유산처럼 아들 이삭에게도 전해집니다. 그런 까닭에 약속의 자녀인 이삭은 믿음으로 미래를 보며 야곱과 에서를 축복하였습니다.

"믿음으로 이삭은 장차 있을 일에 대하여 야곱과 에서에게 축복하였으며"(히11:20)

창세기의 상당 부분을 차지하는 야곱과 에서의 싸움 이야기는 결국 야곱의 용서 구함을 시작으로 화해에 이릅니다. 특히 야곱이 얍복강을 건넌 후 자신을 쫓아온 에서에게 과거 자신이 훔쳤던 "복"(창27:35/베라카흐), 곧 장자권을 돌려줍니다. 야곱이 드린 "예물"(베라카흐)이었습니다.

"하나님이 내게 은혜를 베푸셨고 내 소유도 족하오니 청하건대

132

내가 형님께 드리는 예물을 받으소서 하고 그에게 강권하매 받
으니라"(창33:11)

이 같은 길을 걸어온 야곱이 바로 앞에 섰을 때 말했던 "험악한 세
월을 보내었나이다"(창47:9)라는 고백은 사실입니다. 하지만 믿음으로
살아왔습니다. 그 믿음의 삶으로 야곱은 요셉의 아들들을 축복합니다.

"믿음으로 야곱은 죽을 때에 요셉의 각 아들에게 축복하고 그 지
팡이 머리에 의지하여 경배하였으며"(히11:21)

아브라함부터 시작된 믿음의 유산은 요셉까지 이어져 부유한 세상
애굽이 아니라 하나님 나라를 상징하는 가나안을 사모하는 삶으로 살
게 하였습니다. 그가 묻힐 곳은 가나안 땅임을 말합니다.

"믿음으로 요셉은 임종시에 이스라엘 자손들이 떠날 것을 말하고
또 자기 뼈를 위하여 명하였으며"(히11:22)

믿음으로 사는 삶은 애굽의 유대인들에게 그대로 전해졌고 그 과정
에서 모세가 태어났습니다. 태어날 때부터 그는 믿음의 사람이었습니
다. 그 부모와 유대 족속의 믿음 유산을 받았기 때문입니다.

* **묵상질문**

믿음은 유산으로 물려줄 수 있습니다. 세상의 물질은 사라질 수 있지만 절대 사라지지 않
는 유산으로 말입니다.

보이지 않는 것을 보는 눈

* Lexio 읽기 / 히브리서 11:24-28
가능하면 오늘의 본문을 먼저 읽는 것이 좋지만 바로 아래 글을 읽어도 좋습니다. 충분히
본문을 이해하도록 배려하며 글을 썼습니다. 혹시 본문을 읽으신 분은 감동이 오는 말씀이
나 단어 혹은 느낌을 간단히 적으시면 좋습니다.

> "믿음으로 모세가 났을 때에 그 부모가 아름다운 아이임을 보고
> 석 달 동안 숨겨 왕의 명령을 무서워하지 아니하였으며"(히11:23)

모세의 믿음은 부모가 물려준 유산이었습니다. "왕의 명령을 무서워
하지 아니"하는 기저에는 모든 믿음의 사람들이 보인 것처럼 보이는
것에 연연하지 않고 믿음으로 영원한 것을 보는 시선이 있었습니다.
이는 모세에게도 동일한 시선을 갖게 하였습니다.

> "믿음으로 모세는 장성하여 바로의 공주의 아들이라 칭함 받기를
> 거절하고"(히11:24)

그래서 바로라는 절대 군주의 힘을 누릴 수 있는 모든 권한을 거절
합니다. 그것은 "애굽의 모든 보화"(히11:26)였고, 세속적 쾌락이었습
니다. 하지만 모세에게 그것은 별 의미가 없었습니다. 그에게는 '보이
지 않는 것을 보는 눈'이 있었기 때문입니다. 그 같은 시선과 인식은
세상이 이해할 수 없는 삶의 모습으로 나타났는데, 단순히 공주의 아
들 됨을 거절한 것만이 아니라 고난을 즐거워한 것입니다.

> "도리어 하나님의 백성과 함께 고난 받기를 잠시 죄악의 낙을 누
> 리는 것보다 더 좋아하고"(히11:25)

히브리서 기자는 놀라운 사실을 덧붙입니다. 그것은 모세가 자신의 행위를 "그리스도를 위하여 받는 수모"와 같은 것으로 여겼다는 사실입니다. 모세의 행위에는 이미 고난받는 종 그리스도에 대한 인식이 내재되어 있습니다. 이처럼 모세는 잘 준비된 하나님의 사람이었습니다.

모세는 온전한 믿음으로 사는 다른 존재였습니다. 모세가 유월절 역사를 지나 이스라엘 백성을 이끌고 애굽을 떠날 때입니다. 바로는 강력히 분노했지만 전혀 흔들림이 없었습니다. "보이지 아니하는 자를 보는 것 같이" 사는 다른 시선이 그에게 있었기 때문입니다.

> "믿음으로 애굽을 떠나 왕의 노함을 무서워하지 아니하고 곧 보
> 이지 아니하는 자를 보는 것 같이 하여 참았으며"(히11:27)

* 묵상질문

하나님이 쓰시는 사람들은 질적으로 차이가 있는 믿음의 사람들입니다. 의심할 수 없는 사실입니다.

나는 믿음으로 살고 있는가

* Lexio 읽기 / 히브리서 11:29-31
가능하면 오늘의 본문을 먼저 읽는 것이 좋지만 바로 아래 글을 읽어도 좋습니다. 충분히
본문을 이해하도록 배려하며 글을 썼습니다. 혹시 본문을 읽으신 분은 감동이 오는 말씀이
나 단어 혹은 느낌을 간단히 적으시면 좋습니다.

"믿음으로 그들은..."(히11:29)

아벨, 에녹, 아브라함, 이삭, 야곱, 요셉 그리고 모세에 이르기까지
그들 앞에 붙은 수식어 "믿음으로"는 어색하지 않습니다. 하지만 민족
이라는 거대한 집합체의 믿음은 다른 차원입니다.

우리는 이스라엘 역사 속에서 드러나는 그들의 어리석음을 보며 유
대인들을 가볍게 보는 경향이 있습니다. 하지만 그들 역시 믿음의 사
람들이었습니다. 히브리서 기자는 믿음으로 문설주에 피를 바른 것과
믿음으로 홍해를 육지같이 건넌 사건을 말합니다.

"믿음으로 그들은 홍해를 육지 같이 건넜으나 애굽 사람들은 이
것을 시험하다가 빠져 죽었으며"(히11:29)

그들도 분명한 믿음의 사람들이었습니다. 40년 광야 생활을 마치고
만난 첫 번째 성 여리고를 무너뜨리는 장면은 스펙터클한 믿음의 사건
입니다. 아름답습니다.

"믿음으로 칠 일 동안 여리고를 도니 성이 무너졌으며"(히11:30)

물론 우리는 출애굽 후 광야 40년 동안 있었던 이스라엘의 많은 불신앙과 의심으로 인한 하나님의 징벌을 잘 알고 있습니다. 하지만 히브리서 기자는 그것들을 언급하지 않습니다. 면면히 흘러온 믿음으로 산 사건들만 기록합니다. 이유는 그 믿음으로 살았던 사건 만이 우리가 본받을 일이기 때문입니다.

누구든, 어떤 역사든 공과는 존재합니다. 다만 어떻게 마무리하였는지가 중요합니다. 그것은 새롭게 살았다는 것을 말하기 때문입니다. 원래 복음의 핵심이 그렇습니다. 그래서 히브리서 기자는 끝까지 믿음으로 산 사람들을 언급하며 믿음의 삶을 요청하는 것입니다. 기생 라합의 이야기로 확인할 수 있습니다. 기생이었던 자가 예수의 조상이 되는 사건(마1:5)으로 이어지기 때문입니다.

"믿음으로 기생 라합은 정탐꾼을 평안히 영접하였으므로 순종하지 아니한 자와 함께 멸망하지 아니하였도다"(히11:31)

* 묵상질문
나는 믿음으로 살고 있습니까?

믿음의 영웅들

* Lexio 읽기 / 히브리서 11:32-38
가능하면 오늘의 본문을 먼저 읽는 것이 좋지만 바로 아래 글을 읽어도 좋습니다. 충분히
본문을 이해하도록 배려하며 글을 썼습니다. 혹시 본문을 읽으신 분은 감동이 오는 말씀이
나 단어 혹은 느낌을 간단히 적으시면 좋습니다.

> "내가 무슨 말을 더 하리요 기드온, 바락, 삼손, 입다, 다윗 및 사
> 무엘과 선지자들의 일을 말하려면 내게 시간이 부족하리로다"
>
> (히11:32)

히브리서 기자가 전해주는 믿음의 사람들 이야기는 사사 시대와 다
윗 그리고 사무엘 등을 대표로 이스라엘 전 역사에 걸쳐 이어집니다.
이 많은 이야기들 중 해석이 필요한 몇 개를 살피겠습니다.

"사자들의 입을 막기도 하며"(히11:33). 당장 사자를 찢어 죽인 삼손
과 다윗이 생각나지만 사자 굴에서 건져냄 받은 다니엘(단6장)을 언급
하지 않을 수 없습니다.

"불의 세력을 멸하기도 하며"(히11:34). 다니엘의 세 친구 사드락과
메삭과 아벳느고가 풀무불에서 하나님의 보호받은 사건(단3:19-28)을
떠올릴 수 있습니다.

"여자들은 자기의 죽은 자들을 부활로 받아들이기도 하며"(히

11:35a). 사르밧 과부의 아들이 엘리야의 기도로 죽었다가 살아난 것
(왕상17:17-24)과 엘리사가 살린 수넴 여인의 아들 부활 사건(왕하
4:8-37)을 떠올리게 됩니다.

"또 어떤 이들은 더 좋은 부활을 얻고자 하여 심한 고문을 받되 구차
히 풀려나기를 원하지 아니하였으며"(히11:35b). 이것은 돼지고기 먹
기를 거부하여 순교당한 마카베우스 시대의 순교자 엘르아살과 그 일
곱 형제들을 염두에 둔 것으로 보입니다(양용의, 『히브리서를 어떻게
읽을 것인가』, 성서유니온, 338쪽).

"돌로 치는 것과 톱으로 켜는 것과 시험과 칼로 죽임을 당하고"(히
11:37). 특히 톱으로 켜서 순교를 당한 사건은 "이사야가 성전 파괴를
예언하였기 때문에 므낫세 왕의 명령으로 톱으로 켜서 죽임을 당했다"
(그랜트 오스본, 『히브리서』, 성서유니온선교회, 316쪽)는 전승(외경의
이사야의 승천, 1-5장)을 언급한 것으로 보입니다.

이렇게 기막힌 믿음의 영웅들을 기술하면서 히브리서 기자는 다음
과 같이 결론짓습니다.

　　　"이런 사람은 세상이 감당하지 못하느니라"(히11:38)

* 묵상질문
오늘날도 이런 사람을 세상이 감당하지 못할 것입니다. 온전히 믿음으로 사는 사람 말입
니다.

139

구원이 완성되는 순간

* Lexio 읽기 / 히브리서 11:38-40
가능하면 오늘의 본문을 먼저 읽는 것이 좋지만 바로 아래 글을 읽어도 좋습니다. 충분히
본문을 이해하도록 배려하며 글을 썼습니다. 혹시 본문을 읽으신 분은 감동이 오는 말씀이
나 단어 혹은 느낌을 간단히 적으시면 좋습니다.

"이런 사람은 세상이 감당하지 못하느니라"(히11:38a)

"이런 사람"이란 11장 내내 강조한 것처럼 이 세상을 영원한 것으로
여기지 않고 하나님 나라를 바라보며 나그네처럼 사는 사람입니다. 하
나님의 말씀을 따라 본토 친척 아비 집을 떠날 수 있는 아브라함처럼
믿음으로 사는 사람입니다. 이 사람들이 세상이 감당치 못하는 사람들
입니다.

'세상이 감당하지 못한다'라는 말은 다시 해석할 필요가 있는데, 특
히 "감당치"로 번역된 헬라어 '악시오스'는 '가치 있는, 무게가 나가는'
등의 뜻을 갖고 있습니다. 그러므로 헬라어 성경을 직역하면 다음과
같이 됩니다.

"이 사람들에게 이 세상은 가치가 없는 것이었다."

(하정완의역/히11:38a)

그런 까닭에 그들이 사는 곳이 궁궐이든 광야든 차이가 없었습니다.

140

이어지는 기록이 그것을 말합니다.

"그들이 광야와 산과 동굴과 토굴에 유리하였느니라"(히11:38b)

오늘날 우리처럼 집과 자동차에 연연하고 세상이 자신을 알아주길 바라는 스펙과 연봉에 목매달고 사는 것과는 전혀 다른 삶입니다. 오늘도 이처럼 온전히 믿음으로 사는 자들이 있다면 이 세상은 반드시 달라질 것입니다.

이들은 세상을 사는 동안 하나님의 "약속된 것"(히11:39), 곧 구원과 영생의 완성인 그리스도 예수 구속을 만나지는 못했습니다. 어떤 의미에서 그들의 구원은 아직 완성된 것이 아니었습니다. 왜냐하면 구원은 그리스도의 십자가 대속으로 완성되기 때문입니다. 그래서 히브리서 기자가 이렇게 11장을 마무리합니다.

"하나님께서 우리를 위해서 더 좋은 것을 마련해 두셨기 때문에 그들은 우리를 제쳐놓고는 결코 완성에 이르지는 못하게 되어 있었던 것입니다."(공동번역/히11:40)

* 묵상질문
이미 십자가에서 이루신 구원의 사건은 마지막 날 전 역사 속의 모든 믿음으로 산 자들이 하나 되어 하나님 앞에 서는 것으로 마무리될 것입니다. 그때가 구원이 완성되는 순간입니다. 기대되지 않습니까?

제 7 부

믿음의 시작과 완성

믿음과 회개

* Lexio 읽기 / 히브리서 12:1-2a

가능하면 오늘의 본문을 먼저 읽는 것이 좋지만 바로 아래 글을 읽어도 좋습니다. 충분히 본문을 이해하도록 배려하며 글을 썼습니다. 혹시 본문을 읽으신 분은 감동이 오는 말씀이나 단어 혹은 느낌을 간단히 적으시면 좋습니다.

> "이 사람들에게 이 세상은 가치가 없는 것이었다."
>
> (하정완의역/히11:38a)

11장 전체에서 살핀 것처럼 엄청난 세계관을 가진 사람들이 세상에 존재했습니다. 어쩌면 그들이 이 세상을 이 정도로 유지하게 해준 것일지도 모릅니다. 그리고 그 모든 것은 그리스도 예수에게서 비롯됩니다. "믿음으로" 살았던 믿음의 영웅들의 믿음 시작점은 예수이기 때문입니다. 히브리서 기자가 예수를 이렇게 고백합니다.

> "믿음의 주요"(히12:2)

아름다운 말씀인 이 구절의 헬라어는 '톤 테스 피스테오스 아르케곤'입니다. 여기서 "주"로 번역된 '아르케곤'의 원형 '알케고스'는 '아르케'(시작, 기원)와 '아고'(인도하다)의 합성어로 '최고 지도자'라는 의미와 함께 시작을 만들어가는 존재로 '저자'(author)라는 의미도 갖습니다. 그래서 앞에서 살핀 것처럼 대부분의 영어 번역본들은 "주"를 "the author"(NIV, KJV, NASB 등)라고 번역합니다.

주님은 우리의 믿음을 시작하게 하시고 세워가시는 '저자' 곧 "창시자"(새번역)이십니다. 히브리서 기자는 이 기막힌 것을 경험한 믿음의 증인들이 구름같이 둘러싸여 있다고 말합니다.

> "이러므로 우리에게 구름 같이 둘러싼 허다한 증인들이 있으니"
> (히12:1a)

이제 우리도 주님을 믿음으로 똑같이 믿음의 선배처럼 걸어가는 것이 남아있습니다. 그리고 온전히 믿음으로 살기 위해 우리에게 필요한 것이 있습니다.

> "모든 무거운 것과 얽매이기 쉬운 죄를 벗어 버리고 인내로써 우리 앞에 당한 경주를 하며"(히12:1b)

바로 우리를 무겁게 하고 얽매이게 하는 죄를 벗어버리는 것 곧 회개입니다. '죄를 먼저 벗어버려라!' 이것이 우리가 제일 먼저 해야 할 일입니다. 믿음으로 회개 이후 온전해지기 때문입니다. 그래서 주님이 세상에 오셔서 첫 번째로 이 선포를 하신 것입니다.

> "때가 찼고 하나님의 나라가 가까이 왔으니 회개하고 복음을 믿으라"(막1:15)

* 묵상질문
믿음의 시작은 회개입니다. 그리하지 않고 우리 믿음이 깊어지는 방법은 없습니다.

믿음의 시작과 완성

* Lexio 읽기 / 히브리서 12:1-2

가능하면 오늘의 본문을 먼저 읽는 것이 좋지만 바로 아래 글을 읽어도 좋습니다. 충분히 본문을 이해하도록 배려하며 글을 썼습니다. 혹시 본문을 읽으신 분은 감동이 오는 말씀이나 단어 혹은 느낌을 간단히 적으시면 좋습니다.

> "이러므로 우리에게 구름 같이 둘러싼 허다한 증인들이 있으니"
>
> (히12:1a)

'믿음으로 살았던 증인들이 허다하다!' 그들은 먼저 그들을 묶고 있는 죄를 벗어던지고 예수를 좇았습니다. 그것은 쉽지 않은 경주였습니다. 인내가 필요했습니다.

> "우리도 온갖 무거운 짐과 우리를 얽어매는 죄를 벗어버리고 우리가 달려야 할 길을 꾸준히 달려갑시다."(공동번역/히12:1b)

우리에게도 필요한 것은 '아무리 답답해도 꾸준히 걸어가는 것'입니다. 그러다 보면 분명 우리는 『천로역정』에서 크리스천이 만났던 'the faithful, 믿음'이라는 사람도, 히브리서 기자가 표현한 "허다한 증인들"도 만날 것입니다.

포기하지 않고 시선을 고정하고 꾸준히 믿음의 경주를 할 때 그 믿음을 갖게 하시고 시작하게 하신 저자(author) 그리스도 예수께서 시작만이 아니라 우리의 믿음을 완성시키실 것입니다. 완성자 예수이십니다. 헬라어 성경의 의미를 제대로 번역한 NIV를 읽어보겠습니다.

> "Let us fix our eyes on Jesus, the author and perfecter of
> our faith"(NIV/히12:2)

예수 그리스도는 우리 믿음의 '저자, author'이시고 우리 믿음의 '완성자, perfecter'이십니다. KJV은 '완성자'를 '종결자, finisher'라 번역했습니다. 우리가 온전한 믿음에 이르도록 하시는(finish) 분이시기 때문입니다.

이제 남은 것은 늘 주님께 우리의 시선을 고정하고(fix our eyes on Jesus) 걸어가는 것입니다. 우리는 능히 걸어갈 수 있습니다. 우리를 위해 기도하시며 도우시기 위해 그리스도 예수께서 "하나님 보좌 우편에"(히12:2) 앉아 중보하고 계시기 때문입니다.

> "누가 정죄하리요 죽으실 뿐 아니라 다시 살아나신 이는 그리스
> 도 예수시니 그는 하나님 우편에 계신 자요 우리를 위하여 간구
> 하시는 자시니라"(롬8:34)

* 묵상질문

우리에게 믿음을 갖게 하신 주님께서 우리 믿음을 완성시키실 것입니다. 그것을 믿으십니까?

주님을 먼저 생각하라

* Lexio 읽기 / 히브리서 12:3-4
가능하면 오늘의 본문을 먼저 읽는 것이 좋지만 바로 아래 글을 읽어도 좋습니다. 충분히
본문을 이해하도록 배려하며 글을 썼습니다. 혹시 본문을 읽으신 분은 감동이 오는 말씀이
나 단어 혹은 느낌을 간단히 적으시면 좋습니다.

"믿음의 주요 또 온전하게 하시는 이인 예수를 바라보자"(히12:2a)

우리가 고난을 당할 때 허덕이며 힘들어하는 이유 중 하나는 자기 사랑과 자기 연민입니다. 오로지 자신만을 애틋하게 여기며 자기중심으로 생각하기 때문입니다. 그래서 히브리서 기자는 "구름 같이 둘러싼 허다한 증인들"을 볼 것을 요청한 것이고, 또한 무엇보다 주님을 바라볼 것을 요청한 것입니다.

주님은 오직 우리를 위해 고난 당하시고 대속의 죽음을 받아들이셨습니다. 오로지 우리를 생각하시고 위하시는 분이십니다. 그래서 히브리서 기자는 주님을 바라보고 생각하는 것이 우리의 고통스러운 상황에서 벗어나는 최고의 방법이라고 권면한 것입니다.

"죄인들에게서 이렇듯 심한 미움을 받으시고도 참아내신 그분을
생각해 보시오. 그러면 여러분은 지치거나 낙심하는 일이 없을
것입니다."(공동번역/히12:3)

'바라보고 생각하다.' 사실 믿음의 능력이 일어나는 비밀입니다. 실제로 우리의 영적인 눈이 열려 주님을 볼 수 있다면 스데반이 당한 고난이 다가오더라도 충분히 이길 수 있을 것입니다.

우리가 추구하는 '제구시 기도 운동'의 중심이 바로 여기에 있습니다. 첫날, 곧 주일에 하는 공통 기도 제목을 '하나님을, 주님을 바라보고 생각하는 것'으로 삼은 이유입니다.

그리고 히브리서 기자는 자기 연민과 사랑에 빠질 수 있는 우리에게 벌써 낙망하거나 낙심하지 말아야 할 이유로 아직 본격적인 고난이 시작되지 않았음을 말합니다.

"너희가 죄와 싸우되 아직 피흘리기까지는 대항하지 아니하고"
(히12:4)

어떤 의미에서 우리가 지금 당하는 고난과 어려움이 힘든 이유는 자기 연민과 자기 사랑으로 인해 과장되었기 때문일지도 모릅니다. 그래서 더욱 주님을 생각해야 한다고 히브리서 기자가 강조한 것입니다.

* 묵상질문

주님을 생각하는 것이 능력입니다. 그런데 실제로 우리는 잊습니다. 그러므로 언제나 주님을 먼저 생각하십시오.

훈련을 기뻐하라

* Lexio 읽기 / 히브리서 12:5-11
가능하면 오늘의 본문을 먼저 읽는 것이 좋지만 바로 아래 글을 읽어도 좋습니다. 충분히 본문을 이해하도록 배려하며 글을 썼습니다. 혹시 본문을 읽으신 분은 감동이 오는 말씀이나 단어 혹은 느낌을 간단히 적으시면 좋습니다.

> "너희가 죄와 싸우되 아직 피흘리기까지는 대항하지 아니하고"
>
> (히12:4)

앞에서 나눈 것처럼 히브리서 기자는 주님이 우리를 위해 당하신 고난에 비교할 때 우리의 고난과 어려움은 아무것도 아니라고 말합니다. 그러므로 호들갑을 떨지 말라고 합니다. 이 같은 히브리서 기자의 권면이 독자들에게는 불만일 수 있습니다. 그래서 투덜대고 있을지도 모르는 독자들에게 다음의 권면을 이어갑니다.

> "여러분은 죄와 맞서 싸우면서 아직까지 피를 흘린 일은 없습니다. 하나님께서 마치 자녀들에게 하시듯이 여러분에게 격려하신 말씀을 잊었습니까? '아들아, 너는 주님의 견책을 가볍게 여기지 말며 꾸짖으실 때에 낙심하지도 마라.'"(공동번역/히12:4-5)

공동번역은 4절과 5절 이하가 자연스럽게 연결되지만 개역개정은 뭔가 어색합니다. 그것은 "징계"라는 단어 때문입니다. "징계하다"로 번역된 헬라어 '파이듀오'는 '가르치다, 훈련하다, 징계하다'라는 뜻을 갖고 있습니다. 물론 강조점은 징계가 아니라 가르침에 있습니다.

그러니까 고난을 당하고 있는 지체들의 불평과 투덜댐도 이해되지만, 지금은 주님을 바라보며 더 훈련하는 것이 더 필요하다고 말하는 것입니다. 이 같은 이해로 "징계" 대신 '훈련'이라는 단어로 바꿔 읽으면 뜻이 쉽게 보입니다.

> "주께서 그 사랑하시는 자를 훈련시키시며 그가 아들로 여기시는
> 자마다 매를 들어서라도 이끄신다."(하정완의역/히12:6)

히브리서 기자는 하나님께서 이처럼 하시는 이유를 우리가 하나님의 자녀이기 때문이라고 강조합니다. 분명 이것이 힘들고 괴롭지만 결국 이를 통하여 우리가 하나님의 거룩에 참여하게 될 것이라고 말합니다.

> "하나님께서는 우리에게 이익을 주며 우리를 당신처럼 거룩하게
> 만드시려고 견책하시는 것입니다."(공동번역/히12:10b)

* 묵상질문
훈련은 징계처럼 보일 뿐 징계가 아닙니다. 우리를 거룩하게 하는 훈련입니다. 그러므로 훈련을 기뻐하십시오.

크리스천이 회복하는 법

* Lexio 읽기 / 히브리서 12:10-13

가능하면 오늘의 본문을 먼저 읽는 것이 좋지만 바로 아래 글을 읽어도 좋습니다. 충분히 본문을 이해하도록 배려하며 글을 썼습니다. 혹시 본문을 읽으신 분은 감동이 오는 말씀이나 단어 혹은 느낌을 간단히 적으시면 좋습니다.

> "너희가 죄와 싸우되 아직 피흘리기까지는 대항하지 아니하고"
>
> (히12:4)

아직 본격적인 싸움은 시작도 하지 않았을지 모릅니다. 그러므로 고난과 어려움을 당할 때 자동적으로 작동하는 자기 사랑과 자기 연민 기제를 사용하기보다 정직하게 그것을 직면할 필요가 있습니다. 충분히 이길 수 있는 것이기 때문입니다.

이것이 믿음이 좋은 사람에게만 가능하고, 자기 자신에게는 어려워 보일지도 모릅니다. 그래서 히브리서 기자가 전한 주님의 처방은 훈련이었습니다. 징계처럼 보일 수 있지만 훈련에 목적이 있는 견책임을 잊어서는 안 된다고 말합니다. 우리는 훈련의 결과로 능히 이길 수 있는 존재가 될 것입니다.

> "우리를 낳아준 아버지는 잠시 동안 자기 판단대로 우리를 견책하지만 하나님께서는 우리에게 이익을 주며 우리를 당신처럼 거룩하게 만드시려고 견책하시는 것입니다."(공동번역/히12:10)

물론 그 견책이 쉽지 않습니다. 사실 쉬운 훈련은 없습니다. 괴롭습니다. 하지만 우리를 단단하게 만들 것입니다.

> "무슨 견책이든지 그 당장에는 즐겁기보다는 오히려 괴로운 것입니다. 그러나 이러한 견책으로 훈련을 받은 사람은 마침내 평화의 열매를 맺어 올바르게 살아가게 됩니다."(공동번역/히12:11)

히브리서 기자는 고난과 어려움을 당할 때 낙심하거나 실망하여 쓰러져 있지 말고 용기를 내어 벌떡 일어설 것을 요청합니다. 그리고 바른길을 걸어가기를 요청합니다. 그것이 우리 크리스천이 사는 방법이고 회복의 방법이라고 말합니다. 우리가 회복되고 강해지는 방법은 길이신 예수를 좇아 바른길을 걸어가는 것에 있기 때문입니다.

> "그러므로 여러분은 힘없이 늘어진 손을 쳐들고 쇠약한 무릎을 일으켜 세우십시오. 그리고 바른 길을 걸어가십시오. 그러면 절름거리는 다리도 뒤틀리지 않고 오히려 낫게 될 것입니다."
>
> (공동번역/히12:12-13)

* 묵상질문
고난을 당할 때 오히려 훈련하고 오히려 바른길을 걸어가야 합니다. 그것이 이기는 방법입니다. 아시겠습니까?

- -

- -

언제나 기회가 있는 것이 아니다

* Lexio 읽기 / 히브리서 12:14-17

가능하면 오늘의 본문을 먼저 읽는 것이 좋지만 바로 아래 글을 읽어도 좋습니다. 충분히
본문을 이해하도록 배려하며 글을 썼습니다. 혹시 본문을 읽으신 분은 감동이 오는 말씀이
나 단어 혹은 느낌을 간단히 적으시면 좋습니다.

> "그러므로 여러분은 힘없이 늘어진 손을 쳐들고 쇠약한 무릎을
> 일으켜 세우십시오. 그리고 바른 길을 걸어가십시오."
>
> (공동번역/히12:12-13a)

'바른길을 걸어가다.' 이것은 삶의 두 가지 추구로 나타납니다.

> "모든 사람과 더불어 화평함과 거룩함을 따르라 이것이 없이는
> 아무도 주를 보지 못하리라"(히12:14)

히브리서 기자가 수식했듯이 "화평함"은 사람들과의 관계이며 "거
룩함"은 하나님과의 관계입니다. 특히 거룩해야 하는 이유는 거룩하지
않고는 하나님을 볼 수 없기 때문입니다. 이어 히브리서 기자가 14절
에서 화평함의 예를 듭니다. 그런데 우리가 알고 있는 화평과 다릅니
다. 보통 우리는 화평을 아무 문제가 없는 상황으로 이해합니다. 그런
데 히브리서 기자는 공동체 안의 분란과 괴로움이 발생하지 않도록 쓴
뿌리를 처리하라고 말합니다.

"너희는 하나님의 은혜에 이르지 못하는 자가 없도록 하고 또 쓴 뿌리가 나서 괴롭게 하여 많은 사람이 이로 말미암아 더럽게 되지 않게 하며"(히12:15)

"거룩함"에 대한 예로 장자의 명분을 팥죽 한 그릇에 판 에서를 이야기합니다. 에서에게 "장자의 명분"은 아브라함에게 허락된 복의 근원을 이어받는 것으로 세상에 복을 유통하는 내용을 담고 있었습니다. 그런데 그것을 육체의 욕망을 상징하는 팥죽 한 그릇에 바꿀 정도로 천박하게 여겼습니다. 그래서 히브리서 기자는 에서를 "망령된 자"(히12:16)라고 말한 것입니다. 여기서 하나님의 반응을 보십시오. 너무 가혹해 보입니다.

"너희가 아는 바와 같이 그가 그 후에 축복을 이어받으려고 눈물을 흘리며 구하되 버린 바가 되어 회개할 기회를 얻지 못하였느니라"(히12:17)

실제로 에서는 두 번이나 울며 복을 구하지만(창27:34, 38) 소용이 없었습니다. 그러니까 이런 뜻입니다. '언제나 기회가 있는 것이 아니다! 회개가 불가능한 때가 올 수도 있다.' 히브리서 기자가 강조했던 부분이기도 합니다.

* 묵상질문

언제나 기회가 있는 것은 아닙니다. 망령되어 하나님과 관계없는 자가 될 수도 있기 때문입니다. 꼭 기억하십시오.

언제든지 나아갈 수 있다

* Lexio 읽기 / 히브리서 12:18-24
가능하면 오늘의 본문을 먼저 읽는 것이 좋지만 바로 아래 글을 읽어도 좋습니다. 충분히
본문을 이해하도록 배려하며 글을 썼습니다. 혹시 본문을 읽으신 분은 감동이 오는 말씀이
나 단어 혹은 느낌을 간단히 적으시면 좋습니다.

> "너희가 아는 바와 같이 그가 그 후에 축복을 이어받으려고 눈물
> 을 흘리며 구하되 버린 바가 되어 회개할 기회를 얻지 못하였느
> 니라"(히12:17)

회개가 불가능한 날이 올지도 모른다는 히브리서 기자의 경고입니
다. 강한 어조지만 그 속내는 현재 누릴 수 있는 특권을 놓치지 말 것
을 부탁하는 것입니다. 그래서 구약의 시내 산으로 대표되는 하나님과
의 관계를 예로 듭니다(히12:18-19a).

시내 산은 모세가 십계명을 받은 산으로, 출애굽기는 하나님이 임재
하시는 모습을 "우레와 번개와 **빽빽한** 구름이 산 위에 있고 나팔 소리
가 매우 크게 들리니"(출19:16)라고 기록했습니다. 그 산은 어느 누구
도 가까이도 갈 수 없었습니다.

> "너는 백성을 위하여 주위에 경계를 정하고 이르기를 너희는 삼
> 가 산에 오르거나 그 경계를 침범하지 말지니 산을 침범하는 자
> 는 반드시 죽임을 당할 것이라"(출19:12)

그래서 이스라엘 백성들은 모세가 하나님에게 십계명을 받고 돌아와 하나님의 말씀을 전할 때 극한의 두려움을 드러냅니다. 하나님이 직접 말씀하시는 것도 그렇고 그들이 하나님께 나아가는 것 자체가 두려웠던 것입니다.

> "모세에게 이르되 당신이 우리에게 말씀하소서 우리가 들으리이다 하나님이 우리에게 말씀하시지 말게 하소서 우리가 죽을까 하나이다"(출20:19)

하지만 그때와 달리 지금 있는 곳은 시온 산 "하나님의 도성인 하늘의 예루살렘"(히12:22)이며, 그리스도 예수의 피로 인해 거룩하게 하나님의 장자로 회복된 우리가 나아갈 수 있는 곳입니다. 두려워할 필요도 없이 담대히 하나님 앞에 나아갈 수 있는 은총을 입었기 때문입니다.

> "그러나 여러분이 와 있는 곳은 시온 산이고 살아 계신 하나님의 도성이며 하늘의 예루살렘입니다... 그리고 새로운 계약의 중재자이신 예수가 계시고 아벨의 피보다도 더 큰 힘을 발휘하는 속죄의 피가 있습니다."(공동번역/히12:22,24)

* 묵상질문
우리는 그리스도의 피를 힘입어 언제든지 하나님 앞에 나아갈 수 있습니다. 그러므로 지금 나아가셔도 됩니다.

흔들리지 않는 나라를 받았은즉

* Lexio 읽기 / 히브리서 12:25-29
가능하면 오늘의 본문을 먼저 읽는 것이 좋지만 바로 아래 글을 읽어도 좋습니다. 충분히
본문을 이해하도록 배려하며 글을 썼습니다. 혹시 본문을 읽으신 분은 감동이 오는 말씀이
나 단어 혹은 느낌을 간단히 적으시면 좋습니다.

"새 언약의 중보자이신 예수와 및 아벨의 피보다 더 나은 것을 말
하는 뿌린 피니라"(히12:24)

새 언약이신 예수 그리스도를 요한복음은 태초부터 계신 "말씀이 육
신이 되어"(요1:14)오신 하나님이시라고 증언합니다. 그 말씀의 성취
는 십자가 위에서 죽으심으로 완성하였는데, 그 메시지는 죄악에 빠진
우리를 구원하심이었습니다. 이것이 새 언약으로써 하나님의 말씀입
니다.

누구든지 받아들이면 구원에 이르는 하나님의 말씀입니다. 히브리
서 기자가 서신 전체를 통하여 강조한 내용입니다. 그런 까닭에 매우
엄중한 경고로 25절을 시작합니다.

"너희는 삼가 말씀하신 이를 거역하지 말라 땅에서 경고하신 이
를 거역한 그들이 피하지 못하였거든 하물며 하늘로부터 경고하
신 이를 배반하는 우리일까보냐"(히12:25)

시내 산 언약의 핵심인 옛 언약, 십계명을 받을 때 그곳에는 땅의 진동이 있었습니다(출19:18). 하지만 이스라엘은 금송아지를 만들며 거역했습니다. 이로 인해 엄청난 형벌을 받았는데 현상적으로 무려 삼천명 가량이 죽습니다(출32:27-28,35). 히브리서 기자는 그 일을 언급하면서 지금 주어진 새 언약을 거역할 때 벌어질 하나님의 진노를 말합니다.

> "그 때에는 그 소리가 땅을 진동하였거니와 이제는 약속하여 이르시되 내가 또 한 번 땅만 아니라 하늘도 진동하리라 하셨느니라"(히12:26)

이러한 히브리서 기자의 표현이 두렵지만 사실 우리와는 상관없습니다. 우리는 그리스도 예수를 믿음으로 하나님 나라 곧 흔들리지 않는 나라를 받은 존재들이기 때문입니다. 그래서 히브리서 기자는 흔들리고 있는 유대 크리스천들에게 유대교로 돌아가지 말라고 권면하는 것입니다. 대신에 "경건함과 두려움으로" 온전한 예배자의 삶을 살자고 요청합니다.

> "그러므로 우리가 흔들리지 않는 나라를 받았은즉 은혜를 받자 이로 말미암아 경건함과 두려움으로 하나님을 기쁘시게 섬길지니"(히12:28)

---

* 묵상질문

우리는 흔들리지 않는 나라 곧 하나님 나라의 백성입니다. 그러므로 이 땅에서 하나님 나라를 사는 것이 옳습니다. 흔들리지 않고 말입니다.

- -

- -

제 8 부

영문 밖으로 나아가자

필라델피아의 비밀

* Lexio 읽기 / 히브리서 13:1
가능하면 오늘의 본문을 먼저 읽는 것이 좋지만 바로 아래 글을 읽어도 좋습니다. 충분히 본문을 이해하도록 배려하며 글을 썼습니다. 혹시 본문을 읽으신 분은 감동이 오는 말씀이나 단어 혹은 느낌을 간단히 적으시면 좋습니다.

> "그러므로 우리가 흔들리지 않는 나라를 받았은즉 은혜를 받자
> 이로 말미암아 경건함과 두려움으로 하나님을 기쁘시게 섬길지
> 니"(히12:28)

히브리서 기자는 하나님을 기쁘게 하는 예배자의 삶이란 "경건함과 두려움으로" 흔들리지 않는 나라의 백성으로 사는 것이라고 말하면서 매우 구체적인 삶의 방법을 제시합니다. 가장 중요한 첫 번째는 "형제 사랑"(필라델피아)입니다.

> "형제 사랑하기를 계속하고"(히13:1)

사실 공동체 안의 서로는 피 한 방울 섞이지 않은 타인입니다. 그러나 우리를 형제라고 부르시는 그리스도 예수 안에서 한 분 하나님 아버지의 자녀가 되었습니다. 히브리서 기자는 이것이 교회와 공동체 안에 있는 예배자의 첫 번째 덕목인 형제 사랑의 근거라고 말합니다.

그러므로 교회가 해야 할 가장 중요한 일입니다. 그리스도 안에서

서로를 사랑함으로 실제 형제자매임을 드러내는 삶 말입니다. 사실 이 일이 온전히 이뤄지는 것만으로도 하나님 나라가 이뤄진 것이나 마찬가지입니다. 공동체의 사랑이 모든 것의 기본이기 때문입니다. 알다시피 주님은 이것을 새 계명이라고 말씀하셨습니다.

> "새 계명을 너희에게 주노니 서로 사랑하라 내가 너희를 사랑한 것 같이 너희도 서로 사랑하라 너희가 서로 사랑하면 이로써 모든 사람이 너희가 내 제자인 줄 알리라"(요13:34-35)

우리가 서로를 형제자매로 사랑하는 것이 흔들리지 않는 하나님 나라를 사는 것을 증명하는 일입니다. 그것만으로 충분합니다. 그 모습이 초대교회의 비밀이었고 부흥의 열쇠였습니다. 또한 세상을 변화시키는 힘이었습니다.

> "믿는 사람이 다 함께 있어 모든 물건을 서로 통용하고 또 재산과 소유를 팔아 각 사람의 필요를 따라 나눠 주며 날마다 마음을 같이하여 성전에 모이기를 힘쓰고 집에서 떡을 떼며 기쁨과 순전한 마음으로 음식을 먹고 하나님을 찬미하며 또 온 백성에게 칭송을 받으니 주께서 구원 받는 사람을 날마다 더하게 하시니라"
> (행2:44-47)

* 묵상질문

무엇보다 먼저 진실로 서로 형제자매라고 여길 만큼 온전한 하나님의 자녀가 되어야 합니다. 잊지 마십시오.

형제자매 사랑이 자연스러워질 때

* Lexio 읽기 / 히브리서 13:1-3

가능하면 오늘의 본문을 먼저 읽는 것이 좋지만 바로 아래 글을 읽어도 좋습니다. 충분히 본문을 이해하도록 배려하며 글을 썼습니다. 혹시 본문을 읽으신 분은 감동이 오는 말씀이나 단어 혹은 느낌을 간단히 적으시면 좋습니다.

"형제 사랑하기를 계속하고"(히13:1)

하나님의 자녀로서 그리스도의 형제자매가 되었다면 한 교회 공동체 안의 모두는 형제자매가 된 것입니다. 그 같은 일치와 연합이 우선입니다.

형제 사랑이 먼저 이뤄져야 다음 단계, 곧 "손님 대접"이 가능해집니다. 여기서 단어 정리가 필요합니다. "형제 사랑"은 헬라어로 '필라델피아'인데 '사랑'을 의미하는 '필로스'와 형제를 의미하는 '아델포스'의 합성어입니다. 그리고 짝을 이루는 단어 "손님 대접"은 엄밀하게 하면 '나그네 사랑'이라고 번역해야 맞습니다. 이 단어의 헬라어 '필로넥시아'는 '사랑'을 의미하는 '필로스'와 '나그네'를 의미하는 '크세노스'의 합성어이기 때문입니다.

공동체의 "형제 사랑"에서부터 '나그네 사랑'(하정완의역)이 나옵니다. 서로 사랑하고 있는 공동체여야 우리가 아닌 타자, 곧 나그네도 사랑할 수 있다는 의미입니다. 이것은 공동체를 향한 요청이기 때문에

"잊지 말라"의 주어가 2인칭 복수로 쓰였습니다. 히브리서 기자는 이 같은 사랑이 가능해졌다면 그다음 단계의 사랑도 할 것을 요청합니다.

> "너희도 함께 갇힌 것 같이 갇힌 자를 생각하고 너희도 몸을 가졌
> 은즉 학대 받는 자를 생각하라"(히13:3)

박해가 심했던 그 당시 감옥에 갇힌 자를 알거나 그의 동료라는 것이 알려지면 똑같은 박해를 당할 가능성이 있었습니다. 그런 까닭에 모든 경우 비밀스럽게 움직였습니다. 그러므로 "함께 갇힌 것 같이 갇힌 자를 생각"한다는 것은 쉬운 일이 아니었습니다. 하지만 공동체 안에서 누리고 있는 "형제 사랑"이 기반이 된다면 가능했습니다.

히브리서 기자는 아브라함이나 롯이 나그네로 맞아들인 이들이 천사였던 것을 상기시키면서 그 같은 삶의 축복을 보너스처럼 덧붙여 설명합니다.

* 묵상질문
형제 사랑이 가능할 때 나그네 사랑도 자연스러워질 것입니다. 그러므로 먼저 서로 사랑에 이르러야 합니다.

모든 문제의 해답

* Lexio 읽기 / 히브리서 13:4-6

가능하면 오늘의 본문을 먼저 읽는 것이 좋지만 바로 아래 글을 읽어도 좋습니다. 충분히 본문을 이해하도록 배려하며 글을 썼습니다. 혹시 본문을 읽으신 분은 감동이 오는 말씀이나 단어 혹은 느낌을 간단히 적으시면 좋습니다.

- -

- -

"형제 사랑하기를 계속하고 손님 대접하기를 잊지 말라"

(히13:1-2a)

하나님이 기뻐하시는 예배자라면 "형제 사랑"과 '나그네 사랑', 고통받는 자들과 함께 하는 것을 중요하게 여겨야 합니다. 그리고 히브리서 기자는 지극히 개인적인 영역도 주의시킵니다. 첫 번째는 간음입니다.

"모든 사람은 결혼을 귀히 여기고 침소를 더럽히지 않게 하라 음
행하는 자들과 간음하는 자들을 하나님이 심판하시리라"(히13:4)

이 문제는 누구도 가볍게 여겨서는 안 됩니다. 목사들이 성적인 문제로 무너진 경우는 헤아릴 수 없을 만큼 많고 더욱이 교회 안에서 벌어진다는 점을 주의해야 합니다. 이로 인해 개인뿐만 아니라 교회도 쉽게 무너질 수 있기 때문입니다.

두 번째는 바로 돈의 문제입니다.

> "돈을 사랑하지 말고 있는 바를 족한 줄로 알라"(히13:5a)

왜 이런 문제가 발생하는 것입니까? 히브리서 기자가 말했듯이 "지금 가지고 있는 것으로 만족"(공동번역/히13:5) 못하기 때문입니다. 그것은 우리 안의 탐욕에 기인하지만, 더 깊이 들어가면 우리의 결핍에서 비롯됨을 알 수 있습니다. 주님은 우리의 이런 내면적 결핍과 빈궁함을 이해하고 계십니다.

> "그가 친히 말씀하시기를 내가 결코 너희를 버리지 아니하고 너
> 희를 떠나지 아니하리라 하셨느니라"(히13:5b)

바울이 빌립보 교회에게 보낸 편지에서도 말했듯이 이 문제를 해결할 수 있는 방법은 그리스도 예수뿐입니다. 바울은 매우 간단하게 "배부름과 배고픔과 풍부와 궁핍에도 처할 줄 아는 일체의 비결"(빌4:12)로 "내게 능력 주시는 자 안에서"(빌4:13) 곧 그리스도 안에 거할 때라고 고백하였습니다. 히브리서 기자가 주님의 말씀을 인용한 것처럼 말입니다.

* 묵상질문

더욱 그리스도 예수에 집착해야 합니다. 그것이 모든 문제의 해답이고 방법입니다. 잊지 마십시오.

마음을 굳게 하여 주님을 바라보고

* Lexio 읽기 / 히브리서 13:7–9
가능하면 오늘의 본문을 먼저 읽는 것이 좋지만 바로 아래 글을 읽어도 좋습니다. 충분히
본문을 이해하도록 배려하며 글을 썼습니다. 혹시 본문을 읽으신 분은 감동이 오는 말씀이
나 단어 혹은 느낌을 간단히 적으시면 좋습니다.

> "그가 친히 말씀하시기를 내가 결코 너희를 버리지 아니하고 너
> 희를 떠나지 아니하리라 하셨느니라"(히13:5b)

'결코 주님은 우리를 버리시지 않고 떠나지 아니하신다.' 이것이 우
리가 이 세상에서 단단히 견딜 수 있는 이유입니다. 히브리서 기자는
그것을 다시 강조합니다.

> "그러므로 우리가 담대히 말하되 주는 나를 돕는 이시니 내가 무
> 서워하지 아니하겠노라 사람이 내게 어찌하리요 하노라"(히13:6)

히브리서 기자는 갑자기 과거의 지도자들을 언급하며, 그들이 하나
님의 말씀을 가르쳤고 인도하던 일을 말합니다. 그러면서 동시에 그들
의 결말에 주의할 것을 요청합니다.

> "하나님의 말씀을 너희에게 일러 주고 너희를 인도하던 자들을
> 생각하며 그들의 행실의 결말을 주의하여 보고 그들의 믿음을
> 본받으라"(히13:7)

"그들의 믿음을 본받으라"라는 권면에서 알 수 있듯이 이 편지의 독자들에게 좋은 믿음의 선생들이 있었습니다. 어쩌면 히브리서 기자의 동료이거나 선배일 수도 있습니다. 그들은 주님을 바라보고 주님의 도우심을 좇아 걸어온 사람들이었습니다. 그들의 고백입니다.

> "주께서 내 편을 들어 도와주시니 내가 무엇을 두려워하랴! 누가
> 감히 나에게 손을 대랴!"(공동번역/히13:6)

히브리서 독자들에게 말씀을 가르쳤던 그들 역시 주님의 도우심으로 걸어왔으며, 그 주님은 지금도 동일하시다는 사실을 히브리서 기자는 강조합니다.

> "예수 그리스도는 어제나 오늘이나 영원토록 동일하시니라"
> (히13:8)

그러므로 다른 교훈에 흔들리지 말 것을 요청합니다. 예를 들어 유대의 제사법은 먹는 것과 밀접한 관계가 있었는데 그것들에 너무 묶이지 말라고 말합니다. 이미 구원받은 이들에게 중요한 것은 음식이나 제사가 아니기 때문입니다. 그 대신 마음을 굳게 할 것을 요청합니다.

* 묵상질문
주님은 언제나 동일하십니다. 그러므로 마음을 굳게 하여 언제나 주님을 주시하며 걸어가는 것이 중요합니다.

영문 밖으로 나아가자

* Lexio 읽기 / 히브리서 13:10-14
가능하면 오늘의 본문을 먼저 읽는 것이 좋지만 바로 아래 글을 읽어도 좋습니다. 충분히
본문을 이해하도록 배려하며 글을 썼습니다. 혹시 본문을 읽으신 분은 감동이 오는 말씀이
나 단어 혹은 느낌을 간단히 적으시면 좋습니다.

"예수 그리스도는 어제나 오늘이나 영원토록 동일하시니라"

(히13:8)

히브리서 기자는 편지를 마무리하면서 과거의 지도자들이 걸었던 것처럼 주님을 바라보며 적극적으로 걸어갈 것을 요청합니다.

이것을 설명하기 위하여 제사법을 언급합니다. 대속죄일에 대제사장은 "죄를 위한 짐승의 피"를 가지고 지성소에 들어가 대속의 피 뿌림 의식을 하였습니다. 하지만 그전에 짐승의 사체는 아무도 먹지 못하고 "영문 밖에서 불사름"(히13:11) 당했습니다. 레위기의 기록입니다.

"속죄제 수송아지와 속죄제 염소의 피를 성소로 들여다가 속죄하
였은즉 그 가죽과 고기와 똥을 밖으로 내다가 불사를 것이요"

(레16:27)

영문 밖 불사름은 그리스도가 당한 수치와 고난을 의미했습니다. 히브리서 기자는 우리도 그 고난에 참여하기 위해 영문 밖으로 나가자고

요청합니다.

> "그러므로 예수도 자기 피로써 백성을 거룩하게 하려고 성문 밖
> 에서 고난을 받으셨느니라 그런즉 우리도 그의 치욕을 짊어지고
> 영문 밖으로 그에게 나아가자"(히13:12–13)

바울이나 베드로 등의 사도들은 기꺼이 그리스도의 고난에 참여하기를 기뻐하였습니다. 그들에게 그것은 영광스러운 고난이었습니다.

> "나는 이제 너희를 위하여 받는 괴로움을 기뻐하고 그리스도의
> 남은 고난을 그의 몸된 교회를 위하여 내 육체에 채우노라"
> (골1:24)

> "오히려 너희가 그리스도의 고난에 참여하는 것으로 즐거워하라"
> (벧전4:13a)

주님이 걸어가신 영문 밖으로 기꺼이 나아가 주의 고난에 참여하기를 즐거워하면서부터 기독교의 영광은 시작되었습니다. 다른 가치의 삶을 사는 것을 의미했기 때문입니다. 그것이 기독교의 힘이었습니다.

* 묵상질문

나의 믿음은 어떤 상태입니까? 그리스도의 고난에 기꺼이 참여할 만한 상태의 믿음입니까?

하나님이 기뻐하시는 제사

* Lexio 읽기 / 히브리서 13:15-16

가능하면 오늘의 본문을 먼저 읽는 것이 좋지만 바로 아래 글을 읽어도 좋습니다. 충분히 본문을 이해하도록 배려하며 글을 썼습니다. 혹시 본문을 읽으신 분은 감동이 오는 말씀이나 단어 혹은 느낌을 간단히 적으시면 좋습니다.

> "그러므로 예수도 자기 피로써 백성을 거룩하게 하려고 성문 밖
> 에서 고난을 받으셨느니라 그런즉 우리도 그의 치욕을 짊어지고
> 영문 밖으로 그에게 나아가자"(히13:12-13)

대제사장 되신 그리스도 예수의 대속 제사는 단 한 번의 영원한 사건이었습니다. 그러므로 이제 더 이상 희생 제사는 필요 없습니다. 흉내조차 무의미합니다.

우리가 드리는 예배, 곧 제사는 희생 제사가 아닙니다. 히브리서 기자는 새로운 제사를 소개하는데 바로 "찬미의 제사"(공동번역)입니다. 영어 번역들은 "a sacrifice of praise"이라고 번역했는데 단순히 노래하는 의미의 "찬송의 제사"(개역개정)가 아니라 헬라어 단어의 의미를 좇아 '감사의 찬미'를 말합니다. 히브리서 기자는 이것이 "그 이름을 증언하는 입술의 열매"라고 말합니다. "찬미의 제사"는 우리 삶을 통하여 주님을 드러내는 고백적 삶을 의미합니다. 바울의 고백처럼 말입니다.

> "너희 몸을 하나님이 기뻐하시는 거룩한 산 제물(living sacrifices)로 드리라 이는 너희가 드릴 영적 예배니라"(롬12:1)

이어 히브리서 기자는 "찬미의 제사"로 드러나는 실제적인 행위의 열매를 언급합니다.

> "오직 선을 행함과 서로 나누어 주기를 잊지 말라 하나님은 이같은 제사를 기뻐하시느니라"(히13:16)

그리스도의 희생 제사를 통하여 구속을 경험한 우리는 영문 밖에서 겪은 수치를 부끄러워하지 않고 주님을 좇아 걸어가며 삶을 통하여 주님을 높이는 찬미의 제사를 드려야 합니다. 우리 입술은 늘 주님을 찬양하고 그 은혜를 공동체와 세상을 향하여 선으로 드러내는 삶을 살아야 합니다. 히브리서 기자는 이와 같은 삶이 하나님이 기뻐하시는 제사라고 말합니다.

> "그러므로 우리는 예수로 말미암아 항상 찬송의 제사를 하나님께 드리자 이는 그 이름을 증언하는 입술의 열매니라 오직 선을 행함과 서로 나누어 주기를 잊지 말라 하나님은 이같은 제사를 기뻐하시느니라"(히13:15-16)

---

* 묵상질문

더 이상 희생 제사는 필요 없습니다. 오로지 주님을 찬양하며 삶을 통하여 선을 행함으로 주님을 드러내는 찬미의 제사면 충분합니다. 잊지 마십시오.

- -

- -

영혼을 위해 경성하는 자

* Lexio 읽기 / 히브리서 13:17

가능하면 오늘의 본문을 먼저 읽는 것이 좋지만 바로 아래 글을 읽어도 좋습니다. 충분히 본문을 이해하도록 배려하며 글을 썼습니다. 혹시 본문을 읽으신 분은 감동이 오는 말씀이나 단어 혹은 느낌을 간단히 적으시면 좋습니다.

> "너희를 인도하는 자들에게 순종하고 복종하라"(히13:17a)

히브리서 기자는 편지를 마무리하면서 특별한 요청을 합니다. 그런데 "순종하고 복종하라"라는 표현이 거슬립니다. 그동안 히브리서 기자가 강조한 것은 그리스도를 바라보는 것이었습니다. 그럼에도 히브리서 기자가 이 같은 요청을 한 이유는 무엇 때문입니까?

13장의 흐름을 볼 때 그들은 주님의 치욕을 짊어지고 영문 밖으로 걸어간 자들이고 삶을 통하여 주님을 높이고 선을 행함으로 나누어주기를 힘쓴 자들이었음에 틀림없습니다. 하지만 그보다 더 중요한 이유가 있습니다.

> "그들은 너희 영혼을 위하여 경성하기를 자신들이 청산할 자인
> 것 같이 하느니라"(히13:17b)

이 구절은 읽기만 해도 가슴이 뭉클해집니다. 너무나 아름다운 지도자의 모습이기 때문입니다. 그들이 지체들의 "영혼을 위하여 경성"하

는 자들이기 때문입니다. '경성하다'로 번역된 '아그립네오'의 뜻은 '자지 않고 있다, 깨어 있다'라는 의미입니다. 즉 지체들을 위해 깨어 기도하고 있다는 뜻입니다.

그것만이 아니라 "자신들이 청산할 자인 것 같이" 합니다. '청산하다'로 번역된 '아포디도미'는 '빚을 대신 모두 갚다'라는 의미의 단어입니다. 그러니까 지체들의 영혼을 책임지고 끝까지 자신이 갚아야 하는 것처럼 여기며 산다는 뜻입니다.

이런 자들에게 "순종하고 복종"하는 것은 아낌없이 사랑하신 그리스도 예수를 본 받은 삶을 따르는 것이기에 당연한 일입니다. 사실 목사로서 이 구절을 읽으며 매우 부끄러웠습니다. "순종하고 복종하라"라는 요청을 할 수 없는 이유일 것입니다.

하지만 그 같은 지도자, 목사가 되고 싶은 마음과 다짐이 생겼습니다. '나를 따라오너라'라는 주님의 말씀을 좇아 진실로 주님을 좇는 제자의 삶이 이 세상을 살리는 대책임을 알기 때문입니다.

* 묵상질문
나는 어떤 지도자, 어떤 목사인지 정직하게 자신에게 물어보십시오.

서로 기도하고 서로 사랑하며

* Lexio 읽기 / 히브리서 13:17-19

가능하면 오늘의 본문을 먼저 읽는 것이 좋지만 바로 아래 글을 읽어도 좋습니다. 충분히 본문을 이해하도록 배려하며 글을 썼습니다. 혹시 본문을 읽으신 분은 감동이 오는 말씀이나 단어 혹은 느낌을 간단히 적으면 좋습니다.

> "그들은 너희 영혼을 위하여 경성하기를 자신들이 청산할 자인
> 것 같이 하느니라"(히13:17b)

참 아름다운 지도자들입니다. 그런데 생각해 보면 그런 지도자들, 목사들은 그 같은 삶 자체가 축복입니다. 주님이 그토록 사랑한 이들을 위한 사역이기 때문입니다. 그런데 덧붙인 권면을 주의할 필요가 있습니다.

> "그들로 하여금 즐거움으로 이것을 하게 하고 근심으로 하게 하
> 지 말라 그렇지 않으면 너희에게 유익이 없느니라"(히13:17c)

사실 "영혼을 위하여 경성"하여 기도하는 것이 쉽지 않을 때가 있습니다. 지체들이 바른 신앙의 삶을 추구하지 않고 죄와 더러움과 이기심으로 신앙생활하는 것을 볼 때입니다. 그때에도 기도는 하지만 마음은 무겁습니다. 근심이 생깁니다. 그러니 바른 가치를 지닌 신앙적 삶을 사는 것이 피차에 아름다운 것입니다.

늘 지체들을 위해 기도하며 경성하여 사는 지도자의 삶이 쉽지만은 않습니다. 그들 역시 위로와 격려가 필요합니다. 예수 그리스도 외에 어느 누구도 완벽하게 스스로 서 있는 존재가 되는 것은 사는 동안 어려운 일이기 때문입니다.

히브리서 기자가 솔직하게 그것을 드러냅니다. 그동안 강력한 어조로 편지를 써온 히브리서 기자 역시 지체들의 기도를 요청합니다.

> "우리를 위해서 기도해 주십시오. 우리는 무슨 일에나 정직하게
> 살려고 하므로 양심에 거리끼는 일은 하나도 없다고 확신하는
> 바입니다."(공동번역/히13:18)

동시에 스스로 얼마나 약한 존재인지를 드러냅니다. 히브리서 기자는 그가 속한 공동체로 돌아가고 싶다고 말합니다. 그들의 위로와 사랑을 받고 함께 있고 싶었던 것입니다. 그도 사랑받고 싶었다는 뜻입니다.

> "내가 여러분에게 속히 돌아갈 수 있도록 더욱 간곡히 기도해 주
> 십시오."(공동번역/히13:19)

* 묵상질문

목사나 지도자든 혹은 지체들이든 바른길에 들어서서 서로를 위해 기도하고 격려하고 사는 것은 언제나 아름답습니다. 그렇지 않습니까?

아름다운 기도와 축복

* Lexio 읽기 / 히브리서 13:20-25
가능하면 오늘의 본문을 먼저 읽는 것이 좋지만 바로 아래 글을 읽어도 좋습니다. 충분히
본문을 이해하도록 배려하며 글을 썼습니다. 혹시 본문을 읽으신 분은 감동이 오는 말씀이
나 단어 혹은 느낌을 간단히 적으시면 좋습니다.

> "우리를 위하여 기도하라 우리가 모든 일에 선하게 행하려 하므
> 로 우리에게 선한 양심이 있는 줄을 확신하노니 내가 더 속히 너
> 희에게 돌아가기 위하여 너희가 기도하기를 더욱 원하노라"
>
> (히13:18-19)

히브리서 기자의 가장 큰 관심사는 독자들, 곧 지체들이었습니다.
그래서 꼭 강조하고 싶은 공동체를 위한 기도를 합니다.

> "모든 선한 일에 너희를 온전하게 하사 자기 뜻을 행하게 하시고
> 그 앞에 즐거운 것을 예수 그리스도로 말미암아 우리 가운데서
> 이루시기를 원하노라"(히13:21)

우리가 "주님의 뜻을 행하"는 것은 우리의 능력과 의지가 아니라 하
나님께서 하신 일입니다. "모든 선한 일에 너희를 온전하게 하사". 언
제나 그렇습니다. 하나님이 우리를 온전하게 하고 세워주시지 않으시
면 불가능한 일입니다.

주님의 뜻을 행하며 살아가는 어느 날, 우리는 하나님의 일하심으로 하나님께서 기뻐하시는 일을 하는 우리를 발견하게 될 것입니다. 히브리서 기자가 그것을 위해 기도합니다. 아름다운 기도입니다.

> "바로 이 하나님이 여러분에게 온갖 선한 것을 공급해 주셔서 자기 뜻을 행하게 하시고 예수 그리스도를 통해 그분이 기뻐하시는 일을 우리 안에서 하시기를 바랍니다."(현대인의성경/히13:21)

히브리서 기자는 빨리 공동체와 만나고 싶었습니다. 디모데가 감옥에 갇혔다가 풀린 소식을 알리면서 곧 같이 가서 보기를 소망한다는 글로 마무리합니다. 그리고 이렇게 하나님께 축복하며 기도합니다.

> "은혜가 너희 모든 사람에게 있을지어다"(히13:25)

* 묵상질문

히브리서를 묵상하면서 깨달은 것은 무엇인지 함께 나누고 싶은 것을 적어보십시오.

초보를 버리고 완전으로

　일반적으로 히브리서의 수신자는 바울의 크리스천도, 요한의 크리스천도 아닌, 히브리 기독교인들이라고 표현하는 것이 적당해 보이는 디아스포라 유대인 교회 성도들입니다. 이들은 주님께 직접 말씀을 들었던 자들에게서 복음을 듣고 신앙을 갖게 된 사람들이었습니다. 일부 신학자들은 이들을 '믿음에 복종하게 된 제사장의 큰 무리'라고 주장하기도 합니다.

> "이 구원의 소식은 주님께서 처음으로 전해 주신 것이며 그 말씀
> 을 들은 사람들이 또한 우리에게 확증해 준 것입니다."
>
> (공동번역/히2:3)

　수신자가 누구든 히브리서는 유대 크리스천들이 예수를 믿다 위기를 만난 상황에서 쓰인 책입니다. 자신들이 이전에 믿었던 유대교로 다시 되돌아가고자 하는 갈등에 있었던 것입니다. 한 가지 분명한 것은 저자가 말하듯이 "살아 계신 하나님에게서 떨어질"(히3:12) 위험이 있는 사람들이었습니다.

> "형제자매 여러분, 여러분 가운데에 믿지 않는 악한 마음을 품고

서, 살아 계신 하나님을 떠나는 사람이 아무도 없도록, 여러분은 조심하십시오."(새번역/히3:12)

돌아가려는 이유

유대 크리스천들이 다시 유대교로 돌아가려고 한 이유는 무엇입니까? 처음 유대인들이 예수를 믿게 되었을 때 그들은 예수를 믿고 세례 받음으로 죄 씻음 받고 하나님과 화해하였다고 생각하였습니다. 그런데 그 후에도 거룩한 성도가 되지 못하고 자꾸 죄를 범하는 것이 부담으로 다가왔습니다. 특히 세례 후에 지은 죄에 대한 문제는 만족할 만큼 해결되지 않았습니다. 유대교에는 성전 제사와 대속죄일의 제사를 통해 죄가 해결되는 확실함이 있었습니다. 반면 기독교에는 눈에 보이는 확실한 방법이 없는 것 같았습니다. 그래서 다시 유대교 의식, 속죄 의식으로 돌아가고 싶은 유혹을 받게 된 것입니다.

이와 같은 문제가 발생한 것은 수신자들이 처음 받았던 복음의 근거가 흔들리고 있기 때문입니다. 히브리서의 독자들이 받은 복음, '예수께서 우리 죄를 위하여 죽으셨다'(고전15:3)라는 가장 기본적인 선포를 과거 지은 죄에 대한 속죄로 이해하였던 것입니다. 세례 받은 후에 지은 죄에 대하여는 아무 말도 없었기에 죄로 인한 양심의 가책을 느끼고 있었던 것입니다. 이와 같은 죄의식은 예배를 통한 확신의 부족함에 기인하는 것이라고 말할 수 있을 것입니다. 그러므로 히브리서 기자는 유대교를 돌아가려는 유대 크리스천들에게 몇 가지 중요한 사실을 말하고자 했습니다.

첫째로 독자들이 받은 초대 교회의 공통 케리그마인 복음을 다시 요약 상기할 필요가 있었고, 둘째로 예수님의 대속적인 죽음의 지속적인 효과에 대하여 보여 주어야 했습니다(Lindars 34). 셋째로 예수님의 메시아 됨에 대하여 말하고자 하였습니다. 마지막으로 구약의 제사, 즉 율법보다 예수님의 대속적인 죽음의 우월성을 말하기 위해 유대교가 생각하는 우월성보다 예수님의 우월성을 말하려 했습니다.

이런 의도로 히브리서를 쓴 기자는 매우 정교하고 논리적으로 설명했습니다. 우선 교회를 떠나 유대교로 다시 돌아가고자 하는 독자들을 보면서 섬세한 목회자적인 관점에서 접근합니다. 왜냐하면 그들이 의도적으로 또는 반항적으로 불순종한 것이 아니라 죄에 대한 양심의 가책 때문에 움직인 것이기 때문이었습니다. 그래서 히브리서 기자는 가장 먼저 시험받는 자들을 능히 도우시는 예수를 강조하였습니다.

"그가 시험을 받아 고난을 당하셨은즉 시험 받는 자들을 능히 도
우실 수 있느니라"(히2:18)

왜냐하면 예수 또한 "모든 일에 우리와 똑같이 시험을 받으신 이로되 죄는 없으"(히4:15)신 분이시기 때문입니다. 히브리서 기자는 예수에 대한 성도들의 이해가 부족함을 알고 조목조목 논지들을 정리하여 설명하였습니다. 하지만 단순히 설득의 설명만 쓴 것이 아니라 유대교로 돌아가고자 하는 자들을 향해 배교의 대가에 대해서도 썼습니다(히6:4-12). 히브리서 기자가 볼 때 배교는 예수를 "다시 십자가에 못 박아 현저히 욕을 보이는 것"으로(개역한글/히6:6) 예수가 하나님의 아들이며 그의 죽음이 죄를 정결케 했다는 믿음의 근거를 부정하는 것을 의미했기 때문입니다. 그것을 "은혜의 성령을 욕되게 하는 것"(히10:29)으로 보았습니다. 그렇다면 심각한 죄였습니다. 용서받을 수 없는 죄였습니다.

"우리가 진리를 아는 지식을 받은 후 짐짓 죄를 범한즉 다시 속죄
하는 제사가 없고 오직 무서운 마음으로 심판을 기다리는 것과
대적하는 자를 태울 맹렬한 불만 있으리라"(히10:26–27)

하지만 이와 같이 강력한 경고를 하는 것도 사실은 다시 회복시키려
는 의도임을 잊어서는 안 됩니다. 이처럼 히브리서는 경고와 달램의
구조를 가지고 쓰였음을 알 수 있습니다.

복음이 흔들렸기 때문에

히브리서 기자는 배교의 상황을 심각한 위기로 보면서 그 이유를 살
핍니다. 그리고 히브리서 독자들이 처해 있는 위기를 그들이 처음 받
은 공통 케리그마, 복음이 흔들리고 있는 것으로 판단합니다. 그래서
무엇보다 먼저 예수 그리스도가 창조 전부터 선재하신 하나님의 아들
로서 하나님의 종말의 완성된 계시자임을 우선 강조합니다. 주로 1장
과 2장에 할애한 내용입니다.

이를 위해 기자는 유대인들에게 잘 알려진 구약의 다윗적 메시아 예
언을 인용하여 예수의 메시아 됨을 강조합니다(히1:5–9). 또한 히브리
서 독자들의 지금 처한 상황을 배려해서 죽음과 부활이라는 과거시제
보다 지금 현재 하늘에 계신 대제사장임을 강조합니다.

"이는 하나님의 영광의 광채시요 그 본체의 형상이시라 그의 능
력의 말씀으로 만물을 붙드시며 죄를 정결하게 하는 일을 하시
고 높은 곳에 계신 지극히 크신 이의 우편에 앉으셨느니라"(히1:3)

이를 통해 히브리서 기자는 그리스도가 유대교의 완성이며, 그리스도의 구원은 과거와 현재와 미래의 죄를 사하시기에 충분하다는 것을 말하고자 했습니다. 그리고 그리스도 사역의 현재성을 보여 주기 위해 히브리서 기자는 예수 그리스도의 현재적 통치를 강조하였습니다.

먼저 하나님의 보좌 우편에 앉도록 높임 받은 하나님의 아들이시며(시110:1; 히1:3) 멜기세덱의 반차를 이어받은 하나님의 대제사장으로 현재 사역하심을 강조합니다. 다음으로 지금 그 예수가 하나님 우편에 앉아서 우리를 위해 대제사장 역할을 하시면서 중보기도하시는 분이심을 강조하였습니다(사53:10-12; 히5:1-10; 히7:25).

특히 대속의 제사와 그 제사를 행하는 자인 대제사장의 역할로서 예수 그리스도를 설명하는 것에 초점을 두는데, 그리스도의 우월성에 관한 히브리서 기자의 재미있는 설명 구조를 살피면 다음과 같습니다.

1. 선지자보다 우월하신 그리스도(히1:1-3)
한마디로 말해서 조각으로 나누어진 그림 맞추기에서 말하고 있는 분이 예수 그리스도였음을 이야기합니다.

2. 천사보다 우월하신 예수 그리스도(히1:4-14)
시편 110편 1절을 인용하면서 천사는 섬기는 영에 불과 하지만(히1:14) 예수 그리스도는 하나님의 아들이심을 말합니다.

3. 모세보다 우월하신 예수 그리스도(히3:1-4:13)
모세는 옛 질서 하에서 탁월한 인물이었음이 분명하나, 모세는 하나님 집안의 신실한 종이지만(히3:5) 그리스도는 "하나님의 집을 맡은 아들"(현대인의성경/히3:6)이기에 근본적인 차이가 있음을 말합니다.

4. 아론보다 우월하신 예수 그리스도, 대제사장(히4:14-10:18)

예수 그리스도가 우리의 대제사장이 되신다는 논지가 히브리서
의 중심된 내용을 차지하는데, 이미 설명한 것처럼 바로 그 지점
에 죄와 구속, 제사, 속죄일 등 유대교로 돌아가려 하는 자들의
고민의 핵심이 있기 때문입니다.

대제사장 기독론

예수의 대제사장 됨은 핵심 문제였습니다. 더욱이 예수는 절대로 제
사장이 될 수 없습니다. 레위 지파가 아니기 때문입니다. 당연히 그 효
력성에 히브리서 독자들은 이의를 제기했을 것입니다.

그래서 히브리서 기자는 예수의 대제사장직이 멜기세덱 반차를 좇
는 제사장임을 이야기하면서 레위 반열의 대제사장직보다 멜기세덱의
대제사장직의 우월성을 논증합니다. 이를 논증키 위해 히브리서 기자
는 창세기 14장 17절에서 20절 말씀과 시편 110편 4절을 인용합니다.
또한 멜기세덱의 반차를 좇는 예수의 대제사장직이 우월한 이유에 대
하여 4장에서 10장까지 광범위하게 설명하는데 그 내용을 요약하면
다음과 같습니다.

'완벽하고 흠 없는 제물이신 예수 그리스도가 드린 단 한 번의 제사로 우리
는 완전히 속죄함을 얻었는데, 그 효력은 과거, 현재, 미래를 포함하는 것이
다. 그리고 중요한 것은 이러한 예수 그리스도의 구속 제사로 인하여 이제 우
리는 옛 언약에 속해 있지 않고 새 언약 가운데 있는 새로운 하나님의 백성이

된 것이다(히8장). 이 말은 옛 언약, 레위의 제사 제도가 폐기된 것을 의미하므로 새로운 하나님의 백성이 옛 언약으로 돌아가는 것은 어리석은 일이다. 그러므로 레위 체계로 돌아가지 말고 원래의 신앙을 굳게 붙잡는 것이 옳다(히10:19–39). 특히 예수 그리스도의 대제사장직은 하나님의 아들로서(시2:7) 하나님께서 임명하신 메시아적 대제사장직이지만(히5:1–6) 동시에 인간들의 대표로서 대제사장이시다. 그래서 우리 인간들과 똑같이 시험과 고난을 받으신 것이다(히5:7–8,4:15). 하지만 예수 그리스도는 그 모든 고난을 이겨 우리의 아픔을 이해하고 도우시는 중보적 대제사장이 되었다(히5:8–9).'

초보를 버리고 완전으로

이제 남은 것은 믿음이었습니다. 우리의 모든 죄를 완벽하게 구속하신 대제사장 예수 앞에 필요한 것은 믿음이기 때문입니다. 그래서 히브리 기자는 믿음을 설명합니다. 먼저 믿음이 무엇인지 설명한 후에(히11:19–25) 믿음으로 승리한 신앙의 영웅들을 설명합니다. 그리고 신앙 영웅들의 최고의 모범은 예수 그리스도이심을 말합니다. 히브리서 기자는 영원한 안식에 이르기까지 믿음의 주를 바라보면서 우리 앞에 있는 경주하는 삶을 살아갈 것을 권면합니다.

> "이러므로 우리에게 구름 같이 둘러싼 허다한 증인들이 있으니 모든 무거운 것과 얽매이기 쉬운 죄를 벗어 버리고 인내로써 우리 앞에 당한 경주를 하며 믿음의 주요 또 온전하게 하시는 이인 예수를 바라보자"(히12:1–2)

히브리서가 믿음의 기초가 흔들리고 복음의 내용이 불확실해진 유대 크리스천을 위하여 쓰인 것에서 알 수 있듯이 복음의 근거, 구원의 확신이 불확실한 오늘의 크리스천들에게도 유효한 책입니다.

특히 최근 한국교회가 코로나19와 같은 전염병과 사회의 부정적 시각으로 인해 믿음이 흔들리는 것은 그동안 지녀온 우리의 믿음에 문제가 있음이 드러난 것입니다. 아마 너무 외형적이고 율법적인 겉모습에 강조를 둔 신앙의 문제일 것입니다. 교회가 구원받은 자를 진리 안에서 자유를 누리는 자발적 신앙인으로 세우는 데에는 소홀하고, 번영과 성공을 신앙의 목표인 것처럼 가르치는 잘못을 범한 결과입니다.

그것은 신천지를 비롯한 여러 이단에 쉽게 넘어지는 이유이고, 크리스천이지만 세상에서 전혀 소금의 맛을 내지 못하는 무미건조한 종교인이 된 이유이기도 합니다. 이 같은 관점에서 살펴보면 바르게 예수 그리스도를 이해하고 온전한 믿음에 이름으로 성숙에 나아가게 돕는 것이 히브리서 기자의 목적입니다.

> "그러므로 우리가 그리스도의 도의 초보를 버리고 죽은 행실을 회개함과 하나님께 대한 신앙과 세례들과 안수와 죽은 자의 부활과 영원한 심판에 관한 교훈의 터를 다시 닦지 말고 완전한 데로 나아갈지니라"(히6:1-2)